D1718955

Christian Wallner

MotzArt

Christian Wallner

MotzArt

Kolumnen. Satiren. Parodien

OTTO MÜLLER VERLAG

Die Deutsche Bibliothek - CIP-Einheitsaufnahme

Wallner, Christian:
MotzArt: Kolumnen, Satiren, Parodien / Christian Wallner. - Salzburg ; Wien :
Müller, 1998
   ISBN 3-7013-0971-X

ISBN 3-7013-0971-X
© 1998 OTTO MÜLLER VERLAG SALZBURG-WIEN
Alle Rechte vorbehalten
Umschlaggestaltung: Leo Fellinger
Lektorat: Monika Obrist
Karikatur: Helmut Hütter
Satz: Fotosatz Rizner, Salzburg
Druck und Bindung: Wiener Verlag, Himberg

„Es tun mir viele Sachen weh, die andern nur leid tun."
Georg Christoph Lichtenberg

„To see is to be an *eye*, not an *I*."
Kathy Acker

Vorsätzliches

Im Anfang war die Frage: Erfände Gutenberg, würde er die heutige Boulevard-Presse kennen, den Druck noch einmal? Und meine ganz private Antwort darauf: niemals. Der Mann wäre längst Pyromane.

Dann forderten mich die „Salzburger Nachrichten" auf, nicht nur auf der Bühne zu „motzen", sondern wöchentlich auch schriftlich. Diese Einladung ist nun das siebte Jahr aufrecht – was an die 350 Kolumnen entstehen ließ.

Zahlreiche Anfragen eines offenbar nicht ungeneigten, in jedem Fall aber treuen Publikums nach einem „MotzArt-Reader" haben zum vorliegenden Band geführt: er versammelt, neben einigen Kommentaren für das „Medienjournal" des ORF, rund ein Drittel der Zeitungstexte.

Die Auswahl bereitete mir Schwierigkeiten: Auch der selbstbewußte Kolumnist, der einigermaßen haltbare Gedanken pointiert formuliert zu haben glaubt, weiß natürlich, daß er Gebrauchstexte zur eiligen Alltagslektüre zwischen Kaffee und Kaltstart liefert – punktuellen Sub- oder Kontext der Information, aphoristische Marginalie, ein Polaroid des Lachhaften aus gerade aktuellem Anlaß.

Ein Buch hingegen verbreitet a priori eine gewisse festliche Aura, als bände es stets „ewiges Wort". Ich bin nicht Stammgast in irgendeinem „Café Größenwahn", um zu verkennen, daß es sich bei journalistischen Äußerungen, sosehr sie sich um strukturelle Vernunft jenseits des saisonalen Meinungsmainstreams bemühen, günstigstenfalls um „Madrigale des Augenblicks" handelt. Ernten sie Lorbeer, kommt er in die Suppe.

Zu den meistgehörten Fragen aus der Leserschaft gehört: „Wie fällt Ihnen jede Woche wieder was (Neues) ein?!" Daraufhin betone ich immer mit der Bescheidenheit, die dem Ironiker eignet, daß allein die mangelnde Inspiration bestimmter lauter Vordenker schon nachdenkliche Transpiration provoziert. Das klingt nach Arroganz, ist aber bloß Aufmerksamkeit. Die fleißigsten Stofflieferanten führe ich regelmäßig sogar namentlich an, obschon ich sie weniger persönlich meine, sondern eher als Chiffre für satirefähige Zustände sehe. Insofern sind Namen Schall: deshalb habe ich selbst jene, die überregional unbekannt sind, aus diesem Brevier nicht gestrichen. Salzburg ist bekanntlich „Weltkulturerbe" – eine kleine Welt, in der die große ihre Probe hält ...

Das Problem des Kolumnen-Schreibens besteht also nicht immer darin, zu erfinden: häufig genügt, Gefundenes – etwa Worthülse, Phrase oder

Stehsatz – zu zitieren, distanziert nach- und wendig auszudenken. (Daß manche LeserInnen in diesem Zusammenhang monierten, man müsse viele Sätze mehrmals lesen, habe ich im übrigen meistens als Kompliment aufgefaßt: nur schlichte Blankheit erläßt die Suche nach Doppelbödig- und Hintergründigkeit.)

Schwerer fällt, sich ob der Gegenstände und in verlangter Regelmäßigkeit unaufgeregt aufzuregen. Predigten oder Philippiken mangelt es gewöhnlich an wirkungsvoller Eleganz, wie man aus Kirchen und Parlamenten weiß. Gewiß, auch eine Zeitung ist kein Streichelzoo. Journalismus aber, der nicht boulevardesk „Stimmung" machen will, kann sich selbst im Zorn schwerlich als Justizinstanz gerieren oder Politik ersetzen wollen. Ich muß keine Meinung „machen", sondern habe eine – die ich locker äußern kann. (Deshalb appelliere ich weniger ans Teilen, sondern erhoffe vornehmlich aufmerksame Wahrnehmung).

Verschärfend ist allerdings, daß der öffentliche Diskurs hierzulande in Gummizellen stattfindet. Sogar massive Angriffigkeiten führen zu keinem Dreizeiler als Replik, sondern bestenfalls zu verschwiegenen, späten Hinterhältigkeiten. Wer irgendwo „oben" sitzt, sitzt fast alle Kritik stumm aus. Unter Volksvertretern muß es, so eitel viele wirken, etliche Masochisten geben, die ihre (schlechte) Presse wie eine Art peitschende Domina genießen.

In all den Jahren schimpfte ein einziger Machtträger telefonisch zurück. Als ich ihm einen Leserbrief zur Frustabfuhr empfahl, gab er als Grund seiner Schreibverweigerung launig an, mich als Gesprächspartner nicht ernstnehmen zu können: „Sie sind ein Kabarettist, der in Politik dilettiert!" Als ich meinte, daß wir damit ja unter uns und doppelt diskussionsfähig sein müßten, war seine vielbeschworene Dialogkultur vollends erschöpft ... Selbstverständlich hege also auch ich mitunter den innigen Wunsch, nicht nur die Trauben mögen den Druck der Presse spüren. Seit ich aber echte „Revolverblätter" kenne, verstört mich der Begriff von Presse als „Gewalt" im Staat.

Engagiert, nicht enragiert zu schreiben, hat etwas von der dialektischen Ambivalenz, „hundsgemein zärtlich" sein zu wollen. Denksportlichen Spagat verlangt, Fakten-Ekel mit Wort-Lust zu verbinden, intellektuell „heiß zu laufen" und gleichzeitig urcool „Bewegungsmelder" zu bleiben. Der spätestens an dieser Stelle unvermeidliche große Tucholsky, der zwar wußte, was Satire darf, (sich) aber nicht festlegte, was sie soll und vermag, hat Satiriker „enttäuschte Moralisten" genannt. Als „Wertkonservativer" kann ich das gut nachvollziehen: wieviele – durchaus nur bürgerliche – Theorien, Pro-

gramme und Proklamationen sind nach wie vor nicht eingelöst! Das macht wütend – Wut aber auch blind.

Zu Recht hat Kabarettkollege Helmut Ruge Satire auch als „Bosheit aus Liebe" bezeichnet. Das berühmte Gespräch über Bäume muß bei aller Sehnsucht danach entfallen, solange es das Schweigen über soviele Verbrechen einschließt. Hierorts wird man – beispielsweise – von 1993 einmal nicht erzählen: das war das Jahr, als die Kirschbäume besonders schön blühten. Sondern: damals versuchte ein internationaler Papierkonzern, Hallein abzuholzen.

Karl Kraus meinte, ein Feuilleton zu schreiben bedeute, auf einer Glatze Locken zu drehen. Das zu widerlegen, raufe ich mir weiterhin die Haare, die ich am Scheitel noch habe. Die Theorie der perfekten Kolumne ist ganz einfach: „Scherz, Satire, Ironie und tiefere Bedeutung."

Oder wie der gemeine Salzburger sagt: Schwer ist leicht was.

Die Gesellschaft ist für ihre Stützen untragbar

Zu meiner Vorstellung

„Kolumne" kommt vom lateinischen „columna", das heißt „Säule". Ein bißchen viel Bedeutungshintergrund für ein paar wöchentliche Zeilen – zumal unsere Gesellschaft selbst für ihre Stützen oft untragbar ist. Ich sehe die Rubrik als Chance auf unbotmäßige Zwischenrufe, als pointierte Anteilnahme am öffentlichen Leben (und Ableben). Solche Wort- und Schadensmeldungen werden nicht ohne Frechheiten auskommen: Analysen genügen bekanntlich nicht mehr, man muß die (blinden) Tauben auch provozieren. (Würde jeder Salzburger täglich eine Taube essen, wäre das Denkmal Mozarts sauberer!) Da ich meinen Unterhalt seit Jahrzehnten hauptsächlich im Ausland verdiene, kann ich mir sogar im Inland eine eigene Meinung leisten. Sie ist topliberal unausgewogen. Gesellschaftliche Vernunft ist für mich kein Umfrageergebnis.

Ich lebe, weil ich viel herumkomme, gerne in Salzburg. Diese Zuneigung gleicht der eines Streichholzes zu seiner Reibungsfläche. Man könnte auch sagen: Meine Liebe zu Stadt, Land und Mitbürgern geht so weit, daß ich sie ungern den Finanz-, Bau- und sonstigen Verantwortungsträgern überlassen sehen möchte. Das hiesige Kartell der filzbehüteten Entscheidungscliquen und lodenmafiosen Amikalitäten kann ich nicht ohne entstellendes Grinsen verfolgen. Wie Herbert Achternbusch fühle ich also als Lokalpatriot: Diese Gegend hat mich kaputtgemacht – und ich bleibe so lange, bis man ihr das anmerkt ...

Im Gegensatz zu den Vertretern der brutalen Marktwirtschaft bin ich nicht für alles offen: Wer für alles offen ist, kann nicht ganz dicht sein. Aber jeder Kabarettist erfährt auch, wie machtlos er gegen gewisse Pointen hochsubventionierter Kleinkünstler in diversen Chefetagen sein kann.

Wer sieht, wie die mediale Konzentration die intellektuelle einschränkt, müßte begrüßen, daß sich eine Redaktion auf eine Meinung einläßt, die ihre keineswegs teilen muß. Es genügt nicht, anderen Meinungsmachern ein saloppes „Sire, geben Sie Gedanken!" zuzurufen und zu hoffen, dadurch wandelten sich abgeklärte Kleinbürger in aufgeklärte Bürger. Die beste Antwort auf miese Zeitungen ist die täglich bessere. Und die beste Presseförderung deren Lektüre.

Satire, hat Martin Walser behauptet, sei die Waffe der Ohnmächtigen. Ich möchte jede Woche prüfen, ob das auf Dauer stimmt. Möglich, daß ich mich dabei, wie Brecht meinte, mangels anderer Sitzgelegenheit manchmal ins Unrecht setze. Aber meine größere Angst wird sein, mehr kukident als eloquent aufzuwachen.

Champagner Brut

O tempora, o Zores! Kein Tag ohne Skandal. Überlegt man, wieviel Medien, Polizei, Steuerprüfer und Untersuchungsausschüsse nie herausbekommen, kann sich jeder leicht ausrechnen, wie groß der Eisberg unter Wasser ist. Umso mehr läßt einen die Unverfrorenheit erstarren, mit der die Mächtigen Volk, Recht und Budget plündern. Ich krieg die Gänsehaut, wie cool und frei Hochfinanz und Gekaufte laufend vor Kameras treten und mit warmen Worten noch immer XY in U umlügen dürfen.

Das Parlament wird eine Selbsthilfegruppe; Global players betreiben Klassenkampf von oben, während unsere Renten auf Rubbellosen garantiert sind; Industriekapitäne steuern fröhlich in Konkurse mit Millionengewinnen; Manager im Öl verpokern Steuergelder; ein Bundespräsident kennt seine eigene Biographie nicht; die Amnesie von anderen Beutepolitikern fällt unter Amnestie; bestens beleumundete Betrüger gründen so viele Firmen, daß sie am Ende ehrlich nicht sagen können, von welchem Konto betrogener Anleger sie ihre letzte Dividende bezogen...

Dahinter der Rattenschwanz von Höflingen, Hofnarren und Lakaien: Sklerotische Sektionschefs entsagen nach der Vormittagsmelange tapfer der Frühpension; betuchte Deppen mit Ehrendoktoraten, orden- und aktenkoffergeschmückte Consult-Lemuren und betrunkene Nadelstreifen ohne Horizont blockieren für Arbeitstrinken die Innenstadtrestaurants; die Amtskirche segnet urbi et orbi und ist seit jeher treue Zuträgerin der Macht; schmissige Aufsichtsräte, denen alles entgeht, ausgenommen die fettesten Sitzungsgelder, stoßen auf Nobelbällen mit altem Adel und jungen Pfründnern an; Schlotbaronen fällt angesichts sterbender Wälder nichts als Umwälzschutz ein; Kleinformate, in denen Medienmogule ihren Analphabetismus lukrativ vervielfältigen, riskieren Seitenblicke und apportieren konzentriert, wieviele Flaschen Champagner die Herzlosen köpften. Wieviel Glorie um Gauner! Wieviel Pomp für Bonzen! Wieviel Lob für Lügner! An besonders moralischen Fernsehabenden frage ich mich angesichts des Zustands der Republik: Seit wann wachsen am Balkan Bananen? Daß das alte Kartell aus Geldaristokratie, Bewußtseinsindustrie und Amtsträgern so ungeniert hinlangt, ist ja kein Novum. Was überrascht, ist die straflose Unbekümmertheit der Yuppies der Macht, die noch ungenierter als ihre geistigen Väter und senioralen Lehrmeister zugreifen. Inzwischen gibt es sogar Sozialisten, denen Altkapitalisten punkto Geschäftssüchtigkeit das Perrier nicht reichen können.

Ein Waffenhändler ist a priori ein Skandal. Aber „Minister" hieß ursprünglich einmal „Diener": den sollen heute nur wir machen – dafür, daß er unser Bruttosozialprodukt ungleichmäßig verteilt. Wen wundert, daß der gemeine Bürger den Wahlakt „Urnengang" nennt?

In Österreich gab es bekanntlich keine Französische Revolution. Deshalb erhöhte sich die Zahl der leib- und geisteigenen Untertanen seit dem Feudalismus kontinuierlich. Der König ist tot? Lang lebe der Kammerfunktionär! Gott ist tot. Aber Krenn leibt. Das Kabarett ist tot: es lebe die Regierung! Und wenn Haider die Antwort wäre? Dann muß die Frage saudumm gewesen sein.

Gäbe es unter all den Kriechern, Kuschern und Knieenden wenigstens ein paar Schwejks … Aber auf Skandale reimt sich (vorläufig) nicht „Randale". „Volkszorn" – ein Begriff, den es längst vor dem Mißbrauch durch die Nazis gab – entlädt sich in der Massenbeteiligung an Lotto und Toto. „Volk" kommt von „folgen", „Bürger" offenbar von „bürgen".

Von dieser pietistischen Duldsamkeit gegenüber sozusagen teuflischen Zuständen sind auch Künstler nicht auszunehmen: die allerzornigsten Autoren kommen ins Burgtheaterabo, die fernsehbekanntesten Kabarettisten füllen das Volkstheater. Einige Satiriker werden zwar da und dort von Ultrakonservativen geschnitten – aber letzten Endes kratzen sie keinen wirklich Mächtigen, auch wenn sie noch so sezieren.

In einer Atmosphäre, in der fast alles – vom ärztlichen Kunstfehler bis zum internationalen Versicherungsbetrug – „amikal" bereinigt wird, sieht sich der kritische Geist das alte Lied/Leid anstimmen:

Einerseits ist die Satire angesichts der Dimension der Skandale ein völlig unverhältnismäßiges Mittel des Widerstandes. Die Verhältnisse in ihrer ganzen niederträchtigen Größe anzugehen, schafft auch keine Kabarett-Bühne. Mit theatralischem „Realismus" gelingt die Decouvrierung derer, die täglich ganz real Kuverts voller Bestechungsgelder auf irgendwelchen großen Schreibtischen vergessen, selbstverständlich nicht. Dazu braucht es schon Hand- und Maulschellen, Steuerfahnder und die Interpol.

Andrerseits sind nur noch Satire, Ironie und Comedy vielleicht halbwegs imstande, an die Tragik der öffentlichen Ent- und Verwicklung heranzukommen. Die Antwort, die der melancholische Moralist auf die offenen Fragen (Rechnungen, Wunden) noch geben kann, fällt – aus Verzweiflung – zynisch aus. In der Übertreibung schwingt etwas wie Notwehrüberschreitung mit, der sarkastische Ton der Unterhaltung über das gesellschaftlich Bittere ist Ausdruck der Enttäuschung. Die soziale Anarchie provoziert eine Darstellungsform, in der die (wohlüberlegte) Anarchie des Witzes, der Spott, demaskierende Lakonie überwiegen. Selbst der schärfste, analytisch begabte Autor und Kabarettist *spielt* „Ausbruch", wo der jovial-kunstsinnige Bankier längst ernst gemacht hat und sich amüsiert zurücklehnt.

Die Macht ist freilich ohne Ohnmacht machtlos. „Die oben" sind unten durch: es wurde ihnen nur noch nicht beigebracht, weil wir nach wie vor für die angeblich goldene Mitte sind, wo geschwiegen wird, während sie (sich) unsere Existenz ungestört versilbern.

Das Recht geht dem Volke aus

Obzwar Dich Politiker schon in Vorwahlzeiten mit einem erbarmungsheischenden „Wer-will-mich"-Blick ansehen, hält sich mein Mitgefühl für diese gescholtene Kaste in Grenzen. Im Gegensatz etwa zu Schöffen versieht der gemeine Politiker seinen öffentlichen Dienst freiwillig, und selbst um kommunalpolitische Himmelfahrtskommandos entstehen ellbogenartige Rangeleien. Schön und lobenswert, wenn sich jemand – und sei es von seiner Partei – zur Rettung des Abendlandes (oder mindestens eines Stadtteils) berufen fühlt. Aber es gibt auch Hilflose, die von einem Helfersyndrom beseelt werden: Gegen solchen Narzißmus hilft nicht Mitleid, sondern (politische) Therapie.

Manche Parteisoldaten stöhnen, insbesondere wenn von ihren Gagen die Rede ist, über ihre 70-Stunden-Woche im Dienst des Volkes. Die hat aber auch ein ungeförderter schlechter Lyriker, geschweige denn der steuergeplagte Spitzen-Greißler! Ich weiß, über Geld spricht man nicht. Es sei denn, man hat es: Ich kenne einige in allen Parteien, die ohne politischen Job niemals in dieser ihrer Gehaltsklasse wären. Trotz ihrer jammerstrengen Diäten sehen die wenigsten Abgeordneten abgemagert aus. Und was die zeitraubende Bürgernähe unserer „gläsernen Mandatare" betrifft: Wann haben Sie „Ihren" Mandatsleiher das letzte Mal im Beisl am Eck gesehen? Etliche Volksvertreter setzen vor Wahlen bloß einige Duftnoten im Viertel, ehe sie sich wieder auf Jahre verflüchtigen. Sowas stinkt den „lieben Wählerinnen und Wählern".

Auch hält sich im gemeinen Volk hartnäckig das Gerücht, seine Auserwählten hätten nicht nur üppige Dienstlimousinen, sondern auch sonst nach wie vor allerlei Privilegien. („Nomenklatura" ist höchstens für Parteisekretäre noch ein Fremdwort.) Kein Gerücht hingegen sind die wahrlich autonom beschlossenen Millionen zur direkten Parteienfinanzierung sowie die mitunter gerichtsnotorische, bestechende Ungeniertheit der indirekten Subventionierung privater Gesinnungsgemeinschaften mit Öffentlichkeitsrecht. Was kriegen wir für unser Geld? Sieht man sich die Prospekte an: Slogans statt einer genauen Produktbeschreibung. Wo bleibt der politische Konsumentenschutz? Wo das Gesetz gegen unintelligenten Wettbewerb? Auf den Plakaten gesellt sich das Ungleiche, und was gestern schon nichtssagend war, kann heute nicht aussageloser sein. (Junge) Nichtwähler nennen das: Tote Hose.

Zu Recht wird (langsam) jedem kleinen Betrieb eine Umweltverträglichkeitsprüfung abverlangt. Die Nachwelt-Unverträglichkeit eines Multifunktionärs im Stadtrat oder Landtag ist kaum klagbar. Was die berühmte „begleitende politische Kontrolle" wirklich wert ist, sehen wir immer wieder nach Millionenflops. Nicht einmal der nachweislich unfähige Entscheidungsfäller braucht seine Entscheidung tatsächlich zu tragen: Schlimmstenfalls schützt die Partei, die genügend über den politischen Schwachsinn der Opposition weiß, seine Dummheit vor Strafe. Der etablierte Mandarin geht, das unterscheidet ihn vom freien Wähler, nie mit seiner Pleite pleite, sondern ab 55 in (eine prima) Pension.

Diese Befreiung von realer Haftung und echter Haftbarmachung erleichtert das Job-Hopping unserer Politprofis immens. Es ist ja erstaunlich, wieviel Sachkompetenz für unterschiedlichste Gebiete oft einem einzigen Volksvertreter innewohnt: Selbst Minister wechseln nach einer Wahl fliegend die Ressorts. Während beispielsweise ein noch so tüchtiger Rechtsanwalt deshalb auch nicht morgen im AKH operieren darf, kann ein durch Wahlen postenloser Stadtrat seinem Chauffeur zurufen: Fahr' mich schnell in irgendeine andere Abteilung, ich werde überall gebraucht!

Wenn ich etwa brave, aber fachlich ahnungslose Politiker bei Literaturtreffen oder Vernissagen Eröffnungsreden halten höre, frage ich mich oft: Woher soll ich wissen, ob ihre Kompetenz beim Kanalbau, den sie gestern über hatten, größer war? (Vice versa reden bei der Kultur jede Menge versierter Kanalbauer mit). Früher galt: „Wissen ist Macht". In der Politik ist dieser Satz oft nicht umdrehbar.

Damit wir einander recht verstehen: Wenn Sie meinen, ich plädierte für Wahlenthaltung – so irren Sie. Ich will nicht keine Parteien, sondern bessere. Und ich bin bloß dafür, daß wir unsere Stimmen nicht einfach abgeben, ohne sie permanent zu erheben. Sonst wäre die einzige Qual der Wahl: Das Recht geht vom Volk aus. Und kehrt nie wieder dorthin zurück ...

Der Rest steht nicht im Prospekt

Kürzlich schnauzte mich ein tüchtiger Wahlaktivist an: Schreiber wie ich, die unsere Spitzen- (oder stumpfen) Kandidaten „hemmungslos" kritisieren, „zynisch" demontieren oder satirisch decouvrieren, hätten wesentlich Schuld an der „Politikverdrossenheit". Nun achte ich das Engagement selbst jener Straßenwerber, deren Ansichten ich überhaupt nicht teile, zu sehr, als daß ich diesen Vorwurf stehen lassen mag. Mir sind wahlkämpferisch „irrende" Kontrahenten lieber als immer rechthabende Kaffeehausrevolutionäre.

Aber es ist eine Verkennung von Ursache und Folge, wenn ein Wahlkampferhitzter behauptet, „schlechte Presse" sei die Quelle des schlechten Politiker-Images. Eine solche Logik beruht auf der falschen Prämisse, ein journalistischer Kommentator sei Angestellter der Agentur „Lob & Hudel", die von irgendeiner Partei dafür bezahlt wird, den Listenführer auf Hochglanz zu bringen.

Wie ich im bisherigen Wahlkampf beobachten konnte, liegt ein Grund für den vielfachen Frust der Umworbenen darin, daß sie auf ihre konkreten Fragen keine verbindlichen Antworten bekommen. Was sie von Werbern und Bewerbern auf ihre vorgebrachten Existenzprobleme erfahren, sind die vagen Versprechungen, stereotypen Slogans und nebligen Absichtserklärungen, die sie von früheren Wahlkämpfen her auswendig kennen. Mehr oder weniger begabte, hübsche oder gewitzte Redner verteilen rhetorische „Wahlzuckerln", von denen ganze Generationen inzwischen 3. Zähne bekamen – und sauer reagieren.

Von den zentralen Küchen werden weiterhin hausbackene Gemeinplätzchen hergestellt. Wahlkampfleiter glauben offenbar wirklich, die Show verdränge alles, sogar die Realität. Einige Kandidaten haben ein so dickes Fell, daß sie meinen, sie bräuchten gar kein Rückgrat mehr. Aber die Bevölkerung hat keinen politischen Alzheimer, der sie in fünf Wochen heißer Endphrase vergessen ließe, was fünf Jahre lang versprochen wurde. Auch Nichtstun ist Amtsmißbrauch, klagt das Wahlvolk voller Erinnerungen.

Dabei ist es nicht so, daß man generell sagen könnte, blanke Lügen hätten im Wahlkampf Beine bekommen. Es gibt anscheinend bloß unendlich viele Arten, die Wahrheit zu sagen. Wenn Sie heute einen Spitzenpolitiker nach der Uhrzeit fragen, wird er niemals sagen, daß er keine Uhr mithat, seine vielleicht falschgeht oder er sie gar nicht kennt. Er wird Sie vielmehr in eine Grundsatzdebatte über Sein und Zeit sowie deren Relativität verstricken. Er wird, sind Wahlkampfgegner am Tisch, solange mit Ihnen über „MEZ", Osteuropäische Zeit oder „Pacific time" debattieren, bis Sie den letzten Bus versäumt oder längst eine eigene Uhr gekauft haben. Manche finden das zum Einschlafen, andere regen sich über diese – nicht-kommunikative – Gesprächskultur fürchterlich auf. Es ist kein Trost, daß man auch einen Pudding nicht an die Wand nageln kann. Bei den bisherigen Politiker-Diskussionen hörte man kaum anderes als gegenseitige Schuldzuweisungen, wer was weshalb verhindert habe. Verbunden mit den üblichen Drohungen, was uns alles blüht, wenn der jeweilige

Gegner an die Macht käme. Die Stimmverleiher wird selbst die lebhafteste Auseinandersetzung dieser Art nicht beruhigen.

Man kann – mit Erich Kästner – vom Wahlberechtigten nicht verlangen, daß er den Kakao auch noch trinkt, durch den man ihn zieht. Wer mich regelmäßig liest, weiß, daß solche Kritik keine Aufforderung zu politischer Depressivität oder aktivem Frust darstellt. Vielmehr darauf zielt, die Wahldiskussionen massiver als bisher zu bestreiten und die Bewerber frontal und beharrlich zu stellen: Und in jedem Fall ihren ausweichenden Antworten mit ausweichenden Fragen zuvorzukommen.

Sparefrohs oder Beutelratten?

Ich fürchte, die Freude, daß wir endlich wieder eine Regierung haben, wird sich in weiten Kreisen der Bevölkerung in Grenzen halten. Auch wenn die Koalition mit ihrem „Nix is fix" vorläufig auf Fendrich-Entertainment macht, wissen wir schon: die Amtsinhaber legen uns heuer viele kleine Sparpakete unter den (sic!) Nadel-Baum.

Um mein Fortkommen mach' ich mir angesichts des immensen Kolumnisten-Einkommens, das mir Leser immer wieder andichten, keine Sorgen. Als „Spitzenverdiener" habe ich zwei tolle Anwälte in der Regierung, die mich garantiert vor der Sozialfürsorge retten: SPÖ und ÖVP. Anders wäre natürlich die Lage, müßte ich mit einem durchschnittlichen Autoreneinkommen, mit einer mittleren Pension oder dem Mehrwert von Überstunden auskommen. Gut möglich, daß es in solchen Kreisen künftig gürtelmäßig doch enger wird als bei Beziehern ministerieller Mindest-Apanagen.

Auch die nicht sonderlich gut getarnte Arbeitszeitverlängerung trifft mich nicht. Ich kann meine Arbeitszeit nicht mehr verlängern, da ich ohnehin schon ebensoviel buddle wie jene, die am längsten hackeln, also Multifunktionäre, Brummifahrer sowie Unfallchirurgen. (Verlängern kann man, zwecks Arbeitsplatzsicherung von Psychiatern, allenfalls die Stundenzahl von Mittelschülern, die heute schon als Elfjährige locker netto die 35-Stunden-Woche erreichen). Sollten, wie Arbeitsmediziner meinen, durch die Mehrarbeit mehr Arbeiter krank werden, fällt das wohl unter „erhöhten Selbstbehalt". Wenn

ich zudem sehe, wie die Zuwendung zur Familie – Kinderfreund-
lichkeit ist Privatsache, nicht Staatsangelegenheit – im Sparpaket wahrhaft geschnürt wird, lobe ich mir den Weitblick, kein „Sixpack", sondern bloß ein Einzelkind „angeschafft" zu haben.

Vielleicht sollte man das, was Kanzler und Vize als „sozialverträg-
liche Budgetsanierung" bewerben, zutreffender als flächendeckende
Aktion „Millionen opfern für Millionäre" verkaufen? Ich weiß schon,
daß die Erhöhung des Spitzensteuersatzes die Ebbe in der Staatskasse
nicht beseitigen würde. Allerdings könnten die steuerlichen Gestaltungs-
möglichkeiten des einen Drittels dieser Zweidrittelgesellschaft den
politisch Gestaltenden doch einen kritischen Gedanken wert sein. Oder
kommen von Beckenbauer bis Flick arme Nachbarn nur deshalb zu
uns, weil sie den noch ärmeren Finanzminister sponsern wollen?

Auch wird man, wenn – vernünftigerweise – gespart werden muß,
eventuell noch fragen dürfen, wie viele Ministerien, Staatssekretariate
und Sektionschefs uns erspart bleiben, wieviel an Repräsentation,
Privilegien und sonstigem Kleinzeug, das bekanntlich auch Mist
macht, eingespart werden könnte.

Irgendwelche schmollmündige „Beleidigtheiten" der Regierungs-
spitzen über geerntetes „Unverständnis", Mißbehagen oder angedroh-
te Sozialkampf-Bereitschaft nehmen angesichts der coolen, sozial
unpartnerschaftlichen Umverteilung Wunder. Was sonst als die Interessen der ArbeitnehmerInnen soll etwa der ÖGB vertreten? Jene
Gremien, die die Sparpakete hinter dicken Polstertüren in festlichen
Palais gepackt haben, sind punkto sozialer Phantasie das, was sie
(von) uns wünschen: Null-Runden. In diesem Sinn brauchen wir auf
die kommende Bescherung nicht mehr gespannt zu sein.

Mehr Ferien für die Regierung!

Nicht nur für Schüler beginnen die Ferien. Ich gönne ebenso den
Regierenden jeden Urlaub: kommen doch weniger realsatirische Statements oder Aussendungen. Vor allem aber ruht die Gesetzgebung,
was den Staatsbürger auch sprachlich immens entlastet.

Die Steigerung von Deutsch ist Amtsdeutsch. Dessen Maximum
wird Gesetzestext, der wiederum das Gegenteil von Schriftdeutsch

bedeutet. Ein gemeiner Staatsbürger wie ich stellt sich vor, der Sinn des Gesetzes bestünde darin, daß es möglichst alle befolgen. Dazu ist wohl nötig, daß es möglichst alle begreifen. Gesetze sind so etwas wie im Namen der Gemeinschaft verlautbarte Ersuchen um Kooperation. Ein Gesetz ist auch Werbung für Inhalte, ein Appell an die Erfüllungslust. Was aber, wenn schon die eingebauten formalen Verständnishürden die Identifikation verhindern? Eine private Agentur, die ihre Argumente derart präsentierte wie der Gesetzgeber, wäre längst abgehaust. Der „Geist" des Gesetzes, so seine Schöpfer welchen besaßen, verschwindet im Schachtelsatz. Unsere Gesetze kommen mehr und mehr mit ihren Buchstaben in Konflikt.

Früher wurden irgendwelche Erlässe dem einfachen Volk einfach durch den Herold verkündet. Heute sind sie oft nicht einmal mehr lesbar. Sie werden publiziert, dann nie mehr „erlassen", sondern unter Ausschluß des Verständnisweges exekutiert. Die Sprache der Gesetzgeber ist postmoderne Dichtung: Anwaltslyrik, unkonkrete Poesie für Mandatare, hermetische Steuerberaterinnen-Prosa, jedenfalls kaum was für dich und mich. Anders als bei einem parlamentarischen Zwischenruf handelt es sich dabei um keinen spontanen Lapsus, sondern um lange vorbereiteten, gezielten Sadismus: Herzmanovsky-Orlando, interpretiert von einem Unterausschuß.

Die Verfassung, auch keine unverzwickte und -verzweigte Materie, checkt im Prinzip jeder Hauptschüler. Zum Verständnis des in gleicher Schriftgröße „Kleingedruckten" einer Bauordnung braucht man schon eine Sonderschule, das heißt ein Fachstudium. Ich wette eine Gesetzesnovelle gegen drei Riojas, daß sich die meisten Parlamentarier hüten, das auch zu lesen, was sie durch einfaches Handaufheben legistisch auf uns loslassen. Gerade eben hat sich eine Nationalrätin der Abstimmung zum neuen „Kreditwesengesetz" dankenswerterweise enthalten: weil es nur dem einleuchtet, der 17 andere Gesetze durchschaut hat. So was nenne ich: Gesetzes-*werg*.

Wenn unserem obersten (Tränen-)Säckelwart jährlich rund 30 Milliarden durch Hinterziehungen entgehen, kann der Sinn des Steuerzahlens nicht allzu schlüssig vermittelt worden sein. Anton Kuh hat gesagt: „Daß Dichter stehlen, tut nichts. Aber daß Taschendiebe dichten!" Vielleicht beruht die fiskalische Enthaltsamkeit nicht nur auf Unmoral, sondern auch auf der Unmöglichkeit, die Gesetze zu verstehen? Ich kenne keinen Selbständigen oder Freiberufler, der seine

Steuern noch ohne Erklärung durch den Steuerberater erklären kann. Ich fühle mich beispielsweise auch nicht allzuoft berufen, der Handelskammer recht zu geben. Aber wo sie's hat, hat sie's.

Gesetze sind ohne professionelle Vermittler zwischen Staat und BürgerIn nicht mehr einfach zu befolgen. Anwälte, Zolldeklaranten oder Notare leben davon, daß der legislative Output einsichtig wird. Die angestrebte Ordnung ist längst ein Chaos: vielleicht sollte man die Gesetze gleich zweisprachig herausgeben – einmal für Spezialisten, einmal für den Hausverstand? Oder ist nach dem Rattenschwanz von Begutachtungen kein begabter Deutschlehrer für die Endredaktion mehr drinnen? Vermutlich ist eine (mindestens sprachliche) Gesetzesvereinfachung aber ungefähr so schwierig wie die Verwaltungsvereinfachung, die angeblich seit Jahren von extra eingestellten Verwaltungsbeamten betrieben wird. Der Schimmel, den dieses Vorhaben längst angesetzt hat, wiehert zum Himmel.

Kein Wunder, daß die sogenannten einfachen Menschen die Gesetzgebung gerne mit unheilvollen Naturereignissen gleichsetzen: Gesetzes*flut*, *Lawine*, *Dschungel*, Paragraphen*dickicht*. Eine Studie unter Exekutivbeamten hat bei einem Drittel Sodbrennen im Dienst, also ein typisches Streßmerkmal erhoben. Das kann leicht vom Studium der Erlässe kommen: „Die Ausfertigungs- und Auslegungsverordnung zur Eindämmung der Ausbreitung von Ausfertigungs- und Auslegungsverordnungen regelt unter Bezug auf die Durchführungsverordnung von Verordnungsdurchführungen, soweit sie nicht unter die Bestimmungen der Ausfertigungs- und Auslegungsverordnungen (§ 133 ff.) fallen, die Ausfertigung und Auslegung der Verordnung zur Eindämmung der Ausbreitung von ungerechtfertigten Verordnungen." Hast mich?

Kindermund

Unsere 7- bis 15jährigen wurden über ihre Lebensträume befragt. Für 70% war die Priorität eindeutig: „Viel Geld verdienen".

Manche Kommentatoren zeigten sich überrascht von diesem absoluten Vorrang des „Materiellen". Mich hat er weniger verblüfft. Kindermund tut Wahrheit kund: jene über die Welt der Erwachsenen. Die heißt bekanntlich „brutale Marktwirtschaft" und definiert „Werte" summa summarum in Geld und nach Besitz. Hält man die – stets – berüchtigte „heutige Jugend" also nicht für urdoof, ist Wundern über solchen „Materialismus" nicht angesagt. Von irgendwoher müssen es unsere cleveren Jungs und Mädels schließlich haben.

Es braucht nicht viel Grips, schon jung zu erkennen, daß Geld die Welt regiert. In einem weitgehend post-sinnstiftenden Ambiente wird den Kleinen eingebläut: der (große) Schein bestimmt das Bewußtsein. Oft genug führt die „Werte-Gemeinschaft Familie" vor, daß die entzweiende Jagd nach Money das einzige ist, was Vater und Mutter noch bindet. Fürs Kind gibt es so lange Cash statt Zuwendung, bis ihm Geld als die einzige Form von Glück gilt.

Viele können zur Wohlstandsgesellschaft nur noch ständig „zum Wohl" sagen, um sie wenigstens temporär zu vergessen. Immerhin wird dort für das Wohlergehen einiger „Shareholder" (Aktie muß sich wieder lohnen!) Massenarbeitslosigkeit locker in Kauf genommen. Und worüber wird mehr und heftiger gestritten: über den Verkauf einer Bank oder über fehlende Lehrlingsplätze? Auch so gesehen haben die jungen „Modernisierungsverlierer" (und das künftige akademische Proletariat) den „Sinn des Lebens" voll gecheckt.

Früher haben wir den Kids spaßhalber zugerufen: Hey, no future! Heute stimmt es plötzlich. Insofern ist ihr Realitätssinn, viel Geld zu machen sei später der größte Hit, urcool: gemessen am sonstigen Angebot von Werten, die zählen, sichert der Schein wenigstens irgendein Sein.

Nazis unter uns

Das mediale und politische Erstaunen, daß es bei uns – noch, wieder – tatfähige Nazis gibt, ehrt die Schreiber und Lenker. Andrerseits klingt es so, als wäre der A-Kader der Skinationalmannschaft darüber verblüfft, daß es bei einer Abfahrt rasant bergab geht. Wo haben diese Stauner bisher gelebt? Hat man Hunderte angezeigte, strafrechtlich relevante, aber allgemein bagatellisierte „Wiederbetätigungsfälle" für Halluzinationen des „US-Ostküstenjudentums" gehalten?

Selbstverständlich bricht in Österreich nicht die Demokratie zusammen und das „4. Reich" aus, wenn ein paar Kurzhaardeppen in

Amijacken und Kübelwagen im Auschlamm wühlen. Selbst für aktive Asylantenheim-Brandstifter und eine Salzburger „Gauleitung" genügen die Demokraten in der Exekutive. Aber wie sagt die „Stapo"? „Diese Radikalen hat es immer gegeben. Aber sie werden aktiver, weil sie glauben, in der Öffentlichkeit mehr Rückhalt zu haben." Genau das ist das – offene – Problem.

Es gibt genügend bewußte oder unaufgeklärte Abwiegler, die keineswegs an Stammtischen „Sieg heil!" brüllen oder die Obdachlosen am Bahnhof mental in Schutzhaft nehmen. Wie viele brave BürgerInnen begreifen den Faschismus, dem sie in ihrer Jugend nicht entkamen, noch immer einzig als spannende Julfeier, als karajanusköpfiges Gratiskonzert-Erlebnis, als stolze Autobahneröffnung, erotisierenden Volkstanzkurs oder siebenjährigen Rednerwettbewerb im Volksempfänger! Und hat nicht auch der „Gröfaz" (Größter Freiheitlicher aller Zeiten) an Hitlers „Beschäftigungspolitik" rhetorisch Maß genommen?

Mit der Dämonisierung von Nazis als „Bestien" ist wenig gewonnen. Selbst die, die es praktisch waren, lieferten ein durchaus sittsames Erscheinungsbild: Gereinigte Fingernägel, Manieren, gebügelte Röcke, kein Mundgeruch. Vor den Schlächtern standen belesene Juristen, fachkundige Sado-Mediziner, formvollendete Büroleiter. Killer liebten ihre Kinder und Hunde aufrichtig. KZ-Kommandanten spielten neben der Rampe hingebungsvoll Mozart. Es herrschte keine Anarchie, sondern ein (menschenverachtender) Ehrenkodex, ja Tugendhaftigkeit: Pflichtbewußtsein (bis in den Tod), (Kadaver-)Gehorsam, (massenmörderische) Ordnungsliebe. Nicht klinisch „Wahnsinnige", sondern ideologietreue Fachleute ließen den NS-Staat funktionieren.

Hitler selbst war kein Teppichbeißer. Der Vegetarier fraß die „Ostmark" mit Messer und Gabel. Die Industriellen, die ihn finanzierten, trugen Nadelstreif. Er charmierte die KünstlerInnen, die ihn ergeben umgaben.

Straftaten kann man per Gesetz ahnden. (Kriminelle) politische Gesinnungen lassen sich nicht einfach „wegadministrieren", es sei denn, man plädierte für „Gehirnwäsche" – eine faschistische Methode. Zweifellos ist die größtmögliche Demokratisierung in allen gesellschaftlichen Bereichen die beste praktische Abwehr von diktatorischen und elitären Vorstellungen.

Parallel dazu bedarf es – eine Binsenwahrheit, die nach wie vor auf konkrete Umsetzung wartet – der permanenten und breiten Aufklärung, wo alle Sehnsucht nach „Ruhe, Ordnung, Sicherheit" durch Faschismus endet: In Massengräbern, Trümmern, Chaos. Den Lehrern muß zu Hitler einiges einfallen. Die schlüssigste Antwort auf die Lüge der „Auschwitz-Lüge" ist ein Besuch in Auschwitz (oder mindestens Mauthausen). Und den achselzuckenden Mandataren oder berührungsängstlichen Politik-Verweigerern muß wieder klargemacht werden: Acht „Unpolitische" und zwei Faschisten ergeben – ohne Gegenwehr – auf Dauer zehn Faschisten.

„Wehret den Anfängen" gilt jedoch auch für den „Nazi in uns". Sind wir beruflich wie privat „tolerant", „liberal"? Leben wir, indem wir leben lassen? Heben sich unsere psychische Konstitution und Verhaltensweisen ab von jener „autoritären Persönlichkeit", die die Sozialforschung als Voraussetzung für Faschismus definierte? Buckeln wir etwa unterwerfungsbereit nach oben, während wir nach unten hemmungslos treten? Welche Angst macht uns „das Fremde" – und wie gehen wir mit dieser Angst um? Halten wir Freiheit (auch die der anderen) aus? Wer ist für uns der Sündenbock für unbefriedigendes Feeling? Fügen wir uns kritiklos in diktierte Hierarchien? Sind wir offiziell „aufgeklärt" – und tragen privat (subtil) dazu bei, daß es beispielsweise „Frauenhäuser" geben muß? Machen wir über Schwule Witze? Was läßt uns Horrorvideos grinsend genießen? Brutal chauffieren? Sind wir fähig zu trauern? Haben wir mit der gesetzlichen Abschaffung der Prügelstrafe auch die Lust am Prügeln abgeschafft?

Das Erschrecken über den Terror einiger stahlhelmbescheuerter Jung-Nazis müßte bei der Banalität des Grauens unserer krawattentragenden Normalbürgerlichkeit beginnen: Die „gesunde Watschn" ist Abbild und Miniatur des „gesunden Volksempfindens". Unwissend folgt nicht nur das Schaf seinem Schlächter brav.

Ist Reden schon Silber?

Selbstverständlich kann man Kopfweh auch dadurch beheben, daß man den Kopf amputiert. Ich bin aber, wiewohl in keiner strengen Kammer Pflichtmitglied, nur dann für deren Ausradierung, wenn ganz Österreich urabstimmt, daß künftig Kollektivverträge nicht mehr mühsam im Saal, sondern locker auf der Straße ausgehandelt werden sollen. Die absehbare Sozialfeindschaft könnte etwa nach dem Muster von „bella Italia" ablaufen, wo fast monatlich irgendwo „bellum" angesagt ist, was bekanntlich allen im Staat immens nützt. Im Falle dieses Falles hätten wir allerdings nicht die blauäugig beschworene „3. Republik", sondern wären – welch historischer Fortschritt! – wieder in der Ersten.

Jenseits des kopflosen Abschaffungsgeschreis an Biertischen halte ich aber viel vom kräftig streichenden Einsatz des Filz-Stiftes in Kammern aller Art. Wobei die Spitzengehälter selbst in der AK – fast alleiniger Hauptkritikpunkt in der volkszornigen Debatte – quantitativ und organisationstechnisch bloß ein Nebenschauplatz der Reform sein können: sollten die leitenden Herren (Frauen sind einsame Spitzen) solide Führungsqualitäten haben und diese den Mitgliedern vermittelbar sein, spricht wenig dagegen, ihre Gehälter ortsüblichen Managementeinkommen anzunähern.

In Wahrheit stellt sich dieses Problem ja deshalb verschärft, weil wir es bei vielen Kämmerern mit (politischen) Ämtermultis zu tun haben, die von nur einer einzigen verantwortungsvollen Funktion offenbar niemals voll ausgelastet werden könnten. Gewiß sagen sie ihrem Chauffeur jeden Morgen: Fahr mich irgendwohin, ich bin überall unersetzlich. So gelangen sie zum ultimativen Argument gegen die Eindämmerung jeglicher Unterbezahlung: Ich komm schließlich auf eine 80-Stunden-Woche!

Das mag rechnerisch schon stimmen. Aber gibt es nicht auch ein – von der AK vernünftigerweise mitbestimmtes – Arbeitszeitgesetz, das besagt, daß 40 Stunden genug sind? Ich kenne etliche Häuslbauer, denen es selbst kurzfristig verwehrt bleibt, freiwillig doppelte Schicht zu fahren. Übernimmt sich ein Funktionär, der Arbeit für zwei übernimmt, nicht doch – und gehört daher gesetzlich vor der Hälfte seiner Über-Stunden geschützt? In einem Wiener UKH soll, so streng ist der gesetzliche Brauch, sogar ein Primar entlassen werden, weil er (sich) mehr als 13 Stunden Dienst am Kranken erlaubte! Aber 14 im Dienste des wählenden Mitglieds wären ein Lercherl?

Auch mancher Satiriker sitzt, gegen einen viel mieseren Stundenlohn, oft 80 mühsame Stunden irgendeiner Woche ab. Was aber sagt solche quantitative Auflistung von Arbeitszeit über die Qualität seines

Witzes? Wird das Ergebnis deshalb ingeniöser und kreativer, weil Dichter oder Mandatar schließlich lange genug kreißten?

Der Van-Swieten-Kongreß in Wien behandelte eben das „Burn-out-Syndrom". Jenes „Ausbrennen" bis zum Leistungsverlust, das alle treffen kann, die sich beruflich (zeit-)maßlos übernehmen – und dafür womöglich noch (finanziellen) Undank zu ernten glauben. Manche der Betroffenen reagieren auf diese unerkannte Überforderung emotional erschöpft, mit innerer Distanzierung von der Klientel, mit „Depersonalisierung", Zynismus. Oder werden erst recht arbeitssüchtig – anstatt sich besseres Streßmanagement, mehr Freizeit und effektivere Kommunikationstechniken zu suchen und zu gönnen.

Leider war dieser Van-Swieten-Kongreß bloß für unsere Ärzteschaft lehrreich. Und nicht auch für Kämmerer, Politmandatare und sonstige pausenlos „starke Helfer".

Pyromanen als Feuerwehr?

Die Astrophysik lehrt, daß das Universum pausenlos expandiert, bis es irgendwann explodiert. Das gilt auch für den politischen Zynismus. Wer den Führer der FPÖ – triefend vor Verantwortungsheuchelei – im TV ankündigen hörte, sein „Ausländervolksbegehren" wolle „keine Emotionen wecken", weiß, wovon ich rede. Schon das Wort verrät den Betrug. Man kann jemanden auch durch grinsendes Schulterklopfen zu Boden schlagen.

Haider hält, was ich von ihm halte: er ist die Personalunion von Biedermann und Brandstifter, Karawankenkönig und Menschenfeind. Mit seinem Aufruf zur Pervertierung der Basisdemokratie kann er zum Grenzfall zwischen „Vollblutpolitiker" und „Voll-Blut-Politiker" werden. Kindern nimmt man jedes Streichholz weg. Er hantiert mit offenem Feuer an einer Lunte. Denn jeder, Haider inklusive, weiß natürlich, wie „emotionslos" ein derartiges Referendum nach allen bekannten Wahlschlagworten („Wien darf nicht Chicago werden!") ablaufen wird. Das Werbekonzept stammt von der Agentur „Kain & Übel".

Nachdem der Größenwahn des kleinen Bärentalers, gleich eine ganze Große Koalition ultimativ zu erpressen, selbstverständlich scheitern muß, ist absehbar, daß Jörgl im Flaschenregal unserer Fremdenpolitiker den Flachmann spielen wird. Innerparteilich hat er bereits die Ermächtigung zum „ersten Volksbegehren gegen Menschen" (Weihbischof Kuntner). Im schönen Maria Alm wurde eben das D-Netz für drei Tage entlastet: da sich die FP-Spitze dort zur Klausur versammelte, brauchten sich die Mobiltelefonisten nicht wundzurufen, sondern durften – exklusive Heide Schmidt: Kompliment! – ihr Ja zur Aktion „Menschen gegen Menschen" direkt abliefern.

Nun könnte man diesen selbsternannten Saalschutz für das Haus Österreich einfach durch die Überschrift „Wessen Boot voll ist, dem geht das Hirn unter" lächerlich machen. Einfalt statt Vielfalt!

Aber das zwieträchtige Zündeln des „quarantänepflichtigen politischen Zwerges" (ein läßliches Vorurteil unseres Vizekanzlers gegenüber Pygmäen) ist für unser Land zu gefährlich, als daß nicht Widerstandspflicht angesagt wäre. Ich rede gar nicht lang von der Vergiftung der „Volksseele". Was ein Haider-Begehren auch ökonomisch – für Tourismus, Export und damit für die Arbeitsplätze – bedeutet, hat der Präsident der Industrie- und Handelskammer für Bayern nach der Brandstiftung von Rostock erklärt: „Es bleiben deshalb zunehmend Auslandsaufträge weg, Investoren werden abgeschreckt. Der Schaden geht allein in München in die Millionen" (Mark).

Auch die verlangte Verfassungsklausel, „Österreich sei kein Einwanderungsland", träfe die Wirtschaft. Zudem wäre diese Feststellung, würde sie wahr, höchstens eine theoretische Binse, über die sich schon heute alle Euro-Juristen zerkugeln: laut EWR-Vertrag kann in naher Zukunft niemand einen portugiesischen Tischler daran hindern, in Salzburg zu versuchen, noch IKEA zu unterbieten. Oder gilt das Ansinnen der Haider-Partie einzig zuwanderungswilligen „ostischen Rassen", die den EWR-Vertrag (noch) nicht unterschrieben haben? Dann raus mit der Sprache – und offen her mit den Listen der Unerwünschten! Vielleicht braucht es, folgt man der Logik der wohl übel kommenden völkischen Befragung, demnächst sogar eine erweiterte „Kennzeichnung" jedes „Fremden"? Es muß ja – zur Abwechslung – kein gelber Stern sein... Immerhin ist in der EU das aktive und passive (Ausländer-)Wahlrecht für jeden vorgesehen, der hier (zukünftig problemlos) einen ordentlichen Wohnsitz nachweisen kann!

Gewiß wahr, daß Regierung, Parteien, ÖGB und Kammern noch immer viel zuwenig den realen und irrealen Ängsten der Bevölkerung in der „Ausländerfrage" – etwa mit massiven Aufklärungskampagnen – begegnen.

Aber wenn man an der Koalition Kritik übt, muß sofort die Gegenfrage lauten: was tut Haider? Er spielt mit diesen Ängsten bloß. Gasgeben statt Gegensteuern ist die Handlungsmaxime des ideologischen Geisterfahrers. „Der Jörg will nicht die Probleme dieses Landes lösen, sondern auf Kosten der Unzufriedenheit der Bürger Stimmen gewinnen!" Diese Einschätzung eint mich glatt mit Krimhild Trattnig, Haiders politischer Ziehmutter.

Die Maß ist voll ...

Die tolle Aktion „Nachbar in Not" – schon gespendet? – zeigt, daß die ÖsterreicherInnen doch noch das Herz am rechten Fleck haben: im Ernstfall sogar in der Börse. (Über das Sammelergebnis könnte man beinahe die Unmenschlichkeit unseres neuen Asylgesetzes ein wenig vergessen.) Ich hoffe auch, das Militärkommando kann es als besonderes Lob akzeptieren, wenn ich als Zivildiener und Pazifist öffentlich meine Mütze vor der unbürokratischen Kasernenöffnung lüfte: wenn man selbst nicht mit Betten gesegnet ist, zählt jedes rasch für bosnische Frauen und Kinder bereitgestellte doppelt.

Die Freude über die humanitäre Solidarität reicht allerdings nur bis zum Walserberg. Dort gibt es seit Kriegsausbruch bekanntlich einen eisernen Vorhang, werden Flüchtlinge gnadenlos abgewiesen. Allein über Pfingsten waren es 200, die an der Bonner Mauer an der bayerischen Grenze verzweifelten. Der in unserem daher am meisten betroffenen Bundesland für Flüchtlinge Zuständige nannte das Verhalten der BRD-Regierung „skandalös". Dem ist nichts hinzuzufügen – außer Applaus und wiederholende Skandierung.

Wie: das politisch mächtigste und wirtschaftlich stärkste Land Europas ist nicht fähig, kurzfristig und befristet ein gewisses „Kontingent" von Kriegsopfern zu beherbergen? Das MBB-Land, das sich den Wiederaufbau der Ex-DDR ohne Steuererhöhung (für Großverdiener) leisten kann? Ausgerechnet Kohl-Country, das prompt und anstandslos Milliarden (Mark) für einen politisch völlig ineffizienten Golfkrieg in die USA überwies? Damals war das Gerede von „internationaler Verantwortung" groß und laut. Jetzt wissen wir, wie „solidarisch" es in einem zukünftigen Europa unter dieser BRD-Führung zugehen wird ...

Oder liegt Bosnien – immerhin von Kohl so rasch anerkannt und UN-Mitglied – plötzlich nicht mehr in Europa? Vielleicht darf man unsere geschichtslosen Nachbarn noch fragen: Wo wären, wie ginge es heute beispielsweise den Banater Schwaben, den Sudetendeutschen, den Schlesiern oder Siebenbürger Sachsen, hätte der (damals viel ärmere) Westen seinerzeit eine Visa-Pflicht eingeführt? Daß das große C im Wappen seiner Partei heute nichts als Etikettenschwindel ist, will nicht in des Nachbarkanzlers Birne. Hoffentlich verregnet es ihm dafür wenigstens in St. Gilgen das sonnige Dauerlächeln!

Auch unser Kanzler Vranz „bedauert" nobel „das Fehlen internationaler Kooperation". Was macht er noch dagegen? Wie wäre es mit lauteren Zweit- und Drittinterventionen? Mit energischen Demarchen, gar mit druckreifen Protesten (auch Richtung Schweiz und Italien) vor der Wiener Weltpresse?

Statt dessen werden pausenlos unverlangte Memoranden in der EG herumgeschickt, entmündigende Dokumente vorauseilenden Übergehorsams, peinliche Madrigale einer darmlinienförmigen Haltung. Minister bewerben sich als Ministranten bei Delors, während wir täglich im Fernsehen sehen, wozu die EG, der größte Markt der Welt, wirklich fähig ist: zu allem – und zu nichts. Also so lange zuzuschauen, bis der halbe Balkan brennt – und nicht schon längst den Mördern Öl und Nachschub abgedreht zu haben.

Da weiß man, was man hat, wenn man dieser „Sicherheitspolitik" anschlußgeil eine Blankovollmacht erteilt: „Österreich identifiziert sich vollinhaltlich mit den Zielsetzungen der gemeinsamen Außen- und Sicherheitspolitik der EU." Zwar wissen nicht einmal die europäischen Vaterländer, wie diese Ziele aussehen könnten, aber das offizielle Österreich gibt sich – in einem „Aide-mémoire", was schon wie eine Krankheit klingt – gleich präventiv euphorisch angesteckt. Ich frage mich: Treten Sie einem Club bei, dessen Statuten Sie noch gar nicht kennen?

Ein Meister des antichambrierenden Bücklings vor Brüsseler Spitzen ist unser Außenminister. Mock, dieser bedeutendste Staatsmann von Euratsfeld, ist so neutral, daß er sich nicht einmal mehr in unsere eigenen Angelegenheiten einmischt: Im Kommuniqué seines kürzlichen Treffens mit Genscher-Nachfolger Kinkel findet sich kein Sterbenswörtchen zur Flüchtlingshilfe. Dafür stellt er in seinen postalischen Unterwerfungsgesten die – am Walserberg offenkundige – „europäische Solidarität" laufend über unsere „Neutralität". Ist die Mimikry als „Kohlsprosse" jetzt schon Diplomatie?

Für das, was eine aufgeblähte EG-Bürokratie an einem Weekend in den belgischen Nobelrestaurants verfrißt, müßte kein einziges bosnisches Kind mehr wochenlang hungern. Wir hofieren dieses System noch, indem wir quasi nicht wie ein mittelstarker Schachspieler mit einem Großmeister hart und gewitzt kämpfen, sondern ihm kriecherisch ein paar Bauern vorgeben. Wir opfern freiwillig unser Hemd und wundern uns, wenn der Außenminister unvorteilhaft gekleidet wirkt…

Die Interessen der Bevölkerung gegenüber der EG werden von einem gelernten Bankdirektor und einem Strohmann von Wirtschaftsbund und Agro-Konzern vertreten: Kein Wunder, daß eine solche Koalition unsere Fahrt in diesen ökonomischen, ökologischen und strategischen „Himmel" erst millionenschwer bewerben muß.

Uns bleibt nichts erspart

Wahnsinn, wie unsere Regierung spart! Nein, ich rede nicht schon wieder vom geschnürten Sparpaket, das der Schmuckaufkleber „Spare in der Not, da hast Du Zeit dazu!" ziert. Auch nicht davon, daß man mitunter den Eindruck haben kann, heute müßten sich oft schon zwei Minister ein Gehirn teilen.

Beim „EU-Weißbuch", an dem immerhin sechs Monate gewerkt wurde, ersparte man sich gleich ein ganzes Kapitel: das über die Sozialpolitik. Wer nun wirklich daran schuld ist, daß den Weißbuch-Textern zu diesem Thema offenbar nichts einfiel, ist vor lauter koalitionären Schuldzuweisungen nicht auszumachen. Daß Minister Schüssel, der für die Wirtschaft zuständig ist, locker meinte, man könne auf „sozialpolitische Lyrik" überhaupt verzichten, nimmt (mich) nicht Wunder. Daß aber auch der Kanzler aller sozialdemokratisch wählenden Arbeiter und Angestellten mit dieser Aussparung keine Probleme hat, müßte doch ein gewisses Flimmern in allen Kämpferherzen erzeugen. „EU-relevant" sind für Vranitzky wie für Frau Ederer tatsächlich nur noch Beschäftigungspolitik und Konsumentenschutz?

Vor der Volksabstimmung las und hörte man es oft genug ganz anders: Die deutliche sozialpolitische Akzentuierung, das offensive Eintreten für heimische Sozialstandards sei eines der Hauptinteressen und Ziele der Europapolitik – und ein gutes Argument für unser Beitreten. Jetzt heißt es zu diesem Punkt nur noch lapidar: „Sozialpolitik ist in allen europäischen Ländern eine nationale Angelegenheit, spezifische österreichische Aspekte haben darin nichts verloren."

Wenn dem tatsächlich so ist und wir uns im Haus Europa von der selbstgezimmerten Sozialpolitik nur noch verabschieden dürfen, dann fliegt auch der ÖGB-Chef Verzetnitsch diesen Mittwoch völlig umsonst nach Bonn: dort überreicht er Kohl, der der Ratsversammlung vorsitzt, ein Manifest aller führenden Gewerkschafter Europas, in dem beschäftigungspolitische Maßnahmen gefordert werden. Oder fehlt auch darin womöglich ein Kapitel als Beitrag Österreichs zur europäischen – sozialen – Meinungsbildung?

Wenn das so weiter geht, kommt's noch dahin, daß wir vom HBP*, der uns (ungefragt) jeden Tag zügiger in die WEU und/oder gleich in die NATO überführt, europolitisch mehr erwarten dürfen als von den sozialpolitisch kleinlauten Großkoalitionären. Oder heißt das „Weißbuch" nur deshalb so, weil es große weiße Flecken aufweist?

Uns bleibt wirklich nichts erspart: weder Fragen dieser Art – noch keine Antworten darauf.

Sparschweine

Alte Kolumnistenfrage: worüber reden d'Leut? Einfache Antwort bei den Nachbarn: über den Karneval, wie der Rinderwahnsinn in Köln medizynisch heißt. Wir haben weniger zum Lachen.

Daß auf Dauer nicht mehr ausgegeben werden kann, als hereinkommt, hat heute jeder schon immer gewußt. Nur unsere koalierenden Staatslenker haben nicht rechtzeitig danach gehandelt. (Ebenso eklatant ihre Rechenschwäche punkto EU-Kosten.) Trotzdem sehen

---

* (U)HBP: Abk. f. (unser) Herr Bundespräsident

wir ihre Pleite nach – und tragen das Sparpaket. Auch wenn es unerträglich ist, „unten" überproportional mehr wegzunehmen als ab 50.000. Richtig: „die Masse macht's" – wie immer in der Geschichte. Gut möglich, daß diese Masse im „nationalen Kraftakt" nolens volens den Staat für Absahner saniert.

Bleiben trotz des „einnehmenden" Grinsens der Regierung jede Menge offener Sparfragen. Etwa: wer macht die Verwaltungsvereinfachung so einfach, daß sie einfach endlich kommt? Wer erklärt dem Verteidigungsminister, daß die NATO mehr kostet als ein Hilfszug für Bosnien? Wer kürzt die Parteienförderung? (Es kann doch nicht genügen, daß sich der Kanzler einmal den Opernball erspart!) Und wer sorgt für die psychotherapeutische Linderung unseres Vertrauensverlustes, den jede Regierung erleidet, die nur von Wahl zu Wahl plant und nun zur Kleptomanie gezwungen ist? Wenn heute jeder Träger selbst des kleinsten Geldköfferchens vom Staat überfallartig gefragt wird, „Wie nehmen wir ihn?", sind „Treu und Glauben" erschüttert. Was kommt nach der Aberkennung der Studienjahre als Pensionsanrechnung? Sunt pacta observanda?

Man kündigt aber „Generationenverträge" nicht ungestraft. Ich wette: je mehr Rotstifte hinterrücks, desto mehr Schwarzgeld von vornherein. Die Steuergesetzgebung ist schon jetzt ein Chaos, das der Moral nicht bekommt.

Jeder Staat kann verlangen, daß alle Bürger an einem Strick ziehen. Sinnvoll allerdings nur, wenn er ihn zuvor nicht um deinen Hals legt.

Österreich ist vogelfrei

Seit die Liebe zu Europa zeusartige Dimensionen annimmt, steigt auch die Zahl der Allergiker grenzenlos, sagen deutsche Hautexperten. Schuld seien vor allem synthetische Stoffe in Lebensmitteln, die nach den neuen Gesetzen des Handelns frei fluktuieren dürfen. Angeblich gehen vor allem künstliche Farb-Süß-Stoffe auf keine EU-Haut mehr.

Bei uns ruft anscheinend die vormals „immerwährende Neutralität" zunehmend starke Allergien hervor. Nachdem im Vorfeld unserer „Europäisierung" schon die Artikel 12 bis 16 des Staatsvertrages hinfälligkeitshalber „obsolet" wurden, wir also auf Lenkwaffen sparen und uns wieder unbesorgter mit Deutschland verknüpfen lassen dürfen, wird jetzt der Rest „andiskutiert". Das immerhin 40 Jahre sicherheitspolitisch bewährte Instrument der zwar freiwillig erklärten, aber immer noch verfassungsrangigen Neutralität kommt – ohne praktische Not und reale Alternativen – ins Gerede hochrangiger „Patrioten". Ich kann das Gefühl von Altbundespräsident Kirchschläger gut verstehen, der meinte, „man geht dabei nach dem Grundsatz vor, nur keinen Streit auslassen zu wollen".

Die Debatte wird ungefähr so geführt, als ginge es bloß darum, ob die Nationalmannschaft in Zukunft mann- oder raumdeckend fußballspielen soll. Und nicht darum, ob wir in ein paar Jahren als Mitglied irgendeiner weltweit schnellen Eingreiftruppe neben Milliarden-Radar auch etliche Zinksärge anschaffen müssen. Es beruhigt mich überhaupt nicht, wenn der Außenminister „calmierend" davon redet, daß die erklärte Absicht, keinen Militärbündnissen beizutreten, keineswegs abrupt aufgekündigt wird, sondern „langsam in die Geschichte zurücktreten" soll. Auch spät gestorben ist gestorben.

Gleichzeitig mit derlei quasi „zizerlweiser" Demontage des Neutralitätsgedankens wird ja von Mock, Busek und Fasslabend – unter Haiders Beifall – offen die NATO als Endziel österreichischer Sicherheit propagiert. Die „Westeuropäische Union", die ab nächstem Jahr nicht nur auf dem Papier stehen soll, ist wohl bloß als subtiler Gewöhnungsschritt ins richtig militärische Abenteuer zu verstehen: wesentlich ist diesen großen Strategen von Millimetternich'schem Format die – auch tiefenpsychologisch interessante – Sehnsucht, endlich restlos in irgendeinem Großen aufgehen zu dürfen. Daß zwei Drittel der Österreicher dem EU-Beitritt auch unter der Garantie der fortbestehenden Neutralität zugestimmt haben: forget it!

Einer der allergrößten, jederzeit mikro-mutigen „Mythen-Stürmer" ist in dieser Hinsicht aber unser HBP. Allzeit vor jeder Kamera bereit, einen wesentlichen Teil vaterländischer Identität als „überholt" und „zwecklos" dem Müll der Geschichte zu verantworten, ist Klestil als „Tabu-Brecher" aktiv. Da kann die Regierung (durch eine Zweidrittelmehrheit im Parlament) felsenfest an die Neutralitätsverpflichtung gebunden sein: stetes Trotzen höhlt den Stein, meint der ungläubige Thomas. Und hält jene, die an solche – den Amts-Horizont eines Politikers überschreitende – Probleme etwas bedächtiger herangehen

wollen, öffentlich für „Trittbrettfahrer". Ein locker geschraubtes Wort
für einen Exdiplomaten und mutmaßlichen Patrioten. Vielleicht sollte man ihn in „Bündnis-Präsident" umbenennen?

Ich gebe zu, daß ich als alter Heimatschützer nie neutral, sondern
stets eindeutig für die Neutralität Österreichs war. Wenn irgendein
„Patriot" sie neuerdings so leichtfertig zum Abschuß freigeben möchte,
sollte man ihn politisch so ernst wie die gleichnamige Rakete nehmen: fire and forget!

Heavy Metall

Ziemlicher Schrott: wann immer Gewerkschafter, wie eben die Salzburger Metaller, auf irgendeinen Tisch hauen oder gar davon-
marschieren, folgt postwendend ein beleidigtes Fax der Arbeitgeber,
gefälligst mit dem „Klassenkampfgetöse" aufzuhören. Ja was?! Haben wir keinen Kapitalismus mehr? Nur weil ihn irgendwer sprach-
modisch in „soziale Marktwirtschaft" umlügt?

Ich mische mich in den aktuellen Streit nicht ein. Frage aber, ob es
nicht permanent Klassenkampf gibt: auch von oben. Dann wäre jeder
von unten nur logisch. Wen treffen die „sozialverträglichen" Sparpakete am meisten? Ist die Arbeitswelt etwa nicht mehr geteilt in
Unternehmer und Unternommene? Hat der *Kampf* um Arbeit und
ihre Bedingungen vielleicht beiderseits aufgehört – und es bloß keiner gemerkt?

Die *kampflose* Harmonie zwischen Interessengegensätzen hält nur
während einer Hochkonjunktur. Bei knapperem Profit hört sich jede
Sozial-Partnerschaft gnadenlos auf. (Muß ich an „Semperit" erinnern?)
Nachdem „Umverteilung" nicht einmal diskutiert werden darf, werden Verteilungskämpfe folgen wie das Amen. Der Unternehmer heißt
so, weil er was unternimmt. Heißt folglich der Arbeitnehmer so, weil
er sich beliebig nehmen lassen soll?

Selbstverständlich können wir alle Wörter modernisieren. So, wie
die brutale Marktwirtschaft nicht mehr „Kündigung", sondern „Freisetzen" sagt – was gleich unheimlich beglückend klingt. Man kann
jetzt auch statt des befreienden „Trottel" politisch korrekt „intellek-
tueller Minderleister" verlangen oder den Bock zum Gärtner um-

formulieren. Ich halte dennoch klare Fronten für produktiver und korrekter als Verschleierung und Selbsttäuschung.

Dazu paßt wunderbar: eine neue Richtungsgewerkschaft – empfohlen von führenden Porschefahrern und Großgrundbesitzern. Also die Zersplitterung der nationalen Arbeitnehmer-Vertretung angesichts europaweit konzentrierter Großkonzerne. Da weiß man wenigstens sofort, was man hat.

Ab in den Irak

Ich bin, Frieden hin, voll geladen über die andauernden Versuche gewisser Bundespolitiker, die Bevölkerung für so dumm zu verkaufen, wie sie selbst wirken – um uns endlich der NATO beitreten zu können.

Die jüngste Wortspende des Vizekanzlers schlägt jedem Fasslabend den Boden aus: die Mitgliedschaft in diesem Militärbündnis sei mit unserer dauernden Neutralität vereinbar. Von nun an trägt der grinsend vorgetragene Volksbetrug ein Mascherl. Genausogut könnte man die Parole ausgeben: wir schlägern zwar den Wald, lassen aber das Echo garantiert stehen.

Was derlei Versprechungen wert sind, kann jede(r) am Transitvertrag oder Lebensmittelgesetz nachprüfen. Aber nicht nur Schüssel lügt so lange das Verfassungsgesetz um, bis es bricht. Ein FPÖ-Wehrwolf fordert „raschen Beitritt", obwohl das eine eklatante Verletzung völkerrechtlicher Verpflichtungen wäre. Auch Stenzel Ursula, die ihre volks-vertretende Kompetenz schon bei den „Euroatom-Verträgen" bewies, hält die Neutralität für „längst überholt". Da trifft sie sich mit ihrem Bundespräsidenten, immerhin oberster Verfassungshüter.

Und jetzt will sogar Victor (!) plötzlich das Volk zum Eintritt befragen, für den seine SPÖ nie eintrat! Um die nach allen Umfragen massive Ablehnung des Neutralitätsverrats sturmreif zu kriegen, trommelt man uns etikettenschwindlig: wir träten ja einer „politischeren, abgerüsteten NATO-neu" bei, die nicht mehr den (friedlichen) strategischen Interessen der USA diene und (sicher) keine Atomwaffen bei uns brauche. Tja dann, bei einem Landschaftspflege-Verein bin auch ich gern!

Bevor der mir aber meinen Sohn nimmt, bin ich für die Entsendung aller politischen Paranoiker, Geldvernichter und Allmachts-Phantasten etwa in den Irak: dort könnten sie vorbildlich ihre Köpfe für das hinhalten, was sie planen. In irgendeinen Krieg ziehen wir erst dann, wenn das gesamte Kabinett unter Klestils Führung vorausmarschiert.

Lieber Freund!

Wie Du wohl weißt, hat „mein" Werk, das „global players" gehört, die Belegschaft halbiert. Was Du Dir hinter abstrakten „Abbauzahlen" kaum konkret vorstellen kannst: Auch ich gehöre nun zu den „Freigesetzten" unserer Multis. (Dieser lustige Begriff deutet an, daß ich mich zwar nie wahnsinnig „frei" gefühlt, aber doch tüchtig 30 Jahre meine Arbeitskraft eingebracht habe.)

An sich aber ist diese Entscheidung schon okay: Aktienkurse gehen jedem egoistischen Arbeitnehmer-Einzelinteresse vor! Nur die brutale Marktwirtschaft läßt „uns alle" besser leben. Wenn anderswo neue Sklaven rekrutiert werden, ist das jede Standorttreue wert. Gegen eine Konzernmutter richtet auch kein Vaterland mehr was aus. Eine kleine Frage nur: welcher Arbeitslose kauft noch ein neues Auto?

Ich konnte meinen Porsche, er lief auf meine Frau, günstig abstoßen. (Sie fährt jetzt halt unser Drittauto). Aber was hab ich schon verloren im Vergleich zu Bill Gates 20 Börsen-Milliarden am schwarzen 28. 10.?! Gut, ich bin in meinem Alter unvermittelbar. Aber dafür kann ich bis zur Pension den Abschlag verbessern! (Anna hat zwei Brüller versetzt, damit ich die Golfclub-Gebühr vorauszahlen kann.)

Weil die Arbeitslose zum Schmarotzertum verleitet, haben wir vereinbart, künftig öfter bei McDonalds als bei Obauers zu essen. Die Yacht in Portoroz ist vermietet. Unsere Villa in Nizza hat jetzt mein Manager, der nicht ganz soviel verlor wie ich. Blöd ist nur, daß das neue Handy, das die Absagen auf meine Bewerbungen sammelt, bloß geleast ist. Gott sei Dank aber konnte ich aus den üppigen Dividenden meines Schuftens ja lebenslang Kapitalrücklagen bilden. Du weißt, ich habe mein Portefeuille als Punktschweißer immer gedrittelt: Cash, Immobilien, Diamanten. So komm ich auch im Neoliberalismus gut über die Runden.

Nur ein paar Kollegen müssen jetzt erkennen, warum es soziales „Netz" heißt: weil es aus so vielen Löchern besteht. Ansonsten es ja „Sprungtuch" heißen müßte.

Freiwillige Komik

Sensation: Drei neue Mozartbriefe entdeckt!

Just zu Saisonbeginn entdeckte Hubert H., Nachtwächter der „Internationalen Stiftung Mozarteum", auf einem nächtlichen Rundgang durch das Geburtshaus des Genius loci (Getreidegasse 9) ein Konvolut von offenbar nie abgeschickten Briefen hinter einem Spülbecken, an dem die Musikwissenschaft bislang achtlos vorüberzog. Obschon dieser sensationelle Fund noch nicht ausgewertet ist – er wird eben von Experten des „Stern" auf letzte Echtheit geprüft –, handelt es sich zweifellos um authentische Schreiben des späten Mozart anläßlich eines unbekannten Kurzaufenthaltes in Salzburg. Gerichtet sind sie an Ortlieb Wagenseil, einen Pinzgauer Komponisten von Zwiefachen und Maultrommel-Virtuosen, der um 1780 nach Florida auswanderte und sich dort in Orlando di Lasso umbenannte. Mit seinen (mißverstandenen) fröstelnden Sterbensworten („Gib mir de Blus'!") begründete er unfreiwillig eine neue Richtung der amerikanischen Volksmusik. Die SN – bekanntlich die härtesten Aufdecker in Stadt und Land – stellen diese Briefe, die unser „Wolferl-Bild" ohne Frage verändern werden, in geringfügig orthographisch modernisierter Form zur Diskussion: Sie zeigen ein Wolferl von geradezu erschreckender Modernität ...

Salzbg. ce 31 Julliet

Caro mio Strick,

allerwerthester Freünd und Ertz-spitzbub!

Aus Verona kommend, wo ich einer recht häßlichen Opera sermonia eines neütönenden Walschen in einer Ruine beywohnte, machte ich wieder einmal Halt in meiner Vaterstadt, die izt voll des Blasens und Fidelns ist und mich alsogleych auch mit einem Haydn-Lärm empfing. Pfleget man anderswo das sogenannte populare, das auch die langen Ohren kitzelt und also ein ohnmusikalisches Publikum ergetzt – Du weißt, es sind 100 Ohnwissende gegen 10 wahre Kenner im Parkette –, hoffte ich in Salisburgo auf mindest dilettierende Geistes-Thätigkeit dero Singspielbesucher. Mondial, weith gefehlet! Auch hier hat sich nit viell geändert, in Wahrheit geht es um Bancnoten statt Tonartwechsel.

Die meisten Leüt, und das gehet über 60 Täg so, *schauen* die Opera, aber sie *hören* sie nicht! Alle Stadt fabuliert von der Gulden-Multi-

43

plication und nicht von der Kunst, die Jammerey der Händler und Wirthsleute übertönet jegliche Aria, und die Notenstecherey mündet nicht selten in pure Augenausstecherey.

Eyne große Nachtmusik hebet an, ob sie wohl nach der Sinfonietta noch genug zu fressen und zu sauffen kriegen. (Unsereyner muß sich die Kugel geben!) Die Hofschrantzen und Geheymräte haben so viel Politeß als wie zu meiner Zeit: sie gränzen izt starck an die Grobheit und die Hofart. Cosí fan tutte, rechte Dalken sind meine Saltzbürger, ob solcher von Herzen dummer Reception und Völlerey verliret man darbey alle Empfindung!

Ein Marzemino ist Ihnen alleweyl mehr werth als ein Maestro, sie wünschen sich Esterhazy-Schnitten statt Ligety, Schikaneder mehr als Nono. Mir haben die H. (Hagenauer'schen, Haffner'schen?) zwar ein Denckmal gestiftet, auf das izt alle Tauben scheißen, doch fühl ich mich zehnmal wohler, wann mein Bildnis als Ritter von Sauschwanz zwischen den Miedern der Weibsleüt bezaubernd schön prangt. Man hat die Menge Eloges und Compliement in den Foyers, aber in Wahrheit gilt den Befrackten der gemeine lebendige Compositeur nichts, wogegen der recomandierte Capellmeister bey aller Welt in Ansehen ißt.

Meine Heymat, mon Orlando, wirket nicht mehr so koticht als fürdem, dafür umso mehr verstopfet mit Kutschen, was jeglichen Abfluß hindert. Zum Aufflauf tragen auch Engländer, Pariser und Hannoveraner bey, nicht zu reden von all den Wienern, denen ihre Donaustadt im Sommer zu heiß wird, sodaß sie ihre Intrigen und Kabalen zu uns transferieren. Ansonsten ist die Stadt noch immer fest in der Hand der Kirchenfürsten. Den Stadthauptmann – culturell ein Josephus II oder was – heißen sie Dechant.

Allerley Amtsinhaberer aus aller Herren Ländereyen schlagen sich hier die Bäuch' auff Volkes Kosten voll, indem sie so thun, als interessierten Sie sich serioso für die Serenaden und die Theaterey.

Bey goldenen Schüsseln voller Kapaunen geben Sie ungefragt, aber gewählt Commentarii zu allen Fragen der Welt in die Federkiele schreibender Lakaien ab. Jedweder July-Furtz aus einer Hofburg wird so ellenlang posauniert. Ich als Fex sage Dir aber: ein Scheißdreck, wo doch im Skipetarenland nebenan der Krieg noch immer kracht!

Das thuet auch meyn Magen. Gestern trieb mich der Spielltrieb an die Billardtische eines Etablissements, das sie hier Cugel-Casino nen-

nen, wofür gar das Palais der Kleßheimer ausgeräumt wurde. Baron
Leo Wallner, ansonst ein Mäcenas, zog mich bis auff die Tunica aus,
sodaß ich gezwungen seyn werde, vor all den Schranzen mein Concerto in Eß mit den Schoenbrunner Streychern zu geben. Für 1000
Duckaten tausendmal mich ducken?

Wie das noch ausgehet, weiß der Himmel – ich schreib es Dir den
nächsten Samstag getreülich auff. Hiemit adio ben mio, leb' gesund,
reck' den Kölch zum Mund! Ich bin dero Cavaliere

Wolfgang Amadé Mozart.

*

Saltzburg den 7:t Aug.

Allerwerthester Maestro des Zweyfachen!

Vor ein paar Tagen nun spielte ich mein Concerto in Eß auff Ver-
mittlung eines Landesmannes aus der Donaustadt. Zu dieser Soiree
versammelten sich mannigfach Leüt in einem Saale nahe dem f. e.
Roßstall, der ein Podium mit einem Camin-Clavier hat. Die Gäst', mit
Ausnahm' etlicher Hof- & Geheymräte sowie sonstiger Officialer,
geben viell Duckaten für die Billets. Zuvor et in den Pausen gibt es
eyne Schaumwein-Aria, wo die neüesten Gerücht' oder der Cursus
der Actien lancieret werden.

Sodann sitzet mann artig, vorn im Parkett der propre gewandete
Adel sowie die gehobenen Ständ' von Medicussen, Banciers oder
Pfeffersäcken. Allerley Geschmeide gleißet von denen nakketen Busen
magnifiquer Donne Treviras herauff, wogegen die Mannsbilder in
schwarzen Costümen wie jene lustigen Vögel im Bassin des K. u. K.
Thiergartens zu Wien possieren. Rouge e noir! Aus allen Logen linsen
Lorignons, und auch die Figaros cassieren viell vor der Music. Auf
den weniger lucrativen Sitzen balgt sich die democratische plebs,
welche gar nur wegen dem Studium der Stücke kommet und nicht
wegen dem Plaisir oder dem feynen Grimassieren. Mir aber ist, wie
Du weißt, Monsieur, schon immer wichtiger gewest, was hinten
heraußkommt.

So werckte ich wacker an der Elfenbeynküste und bediente auch
die schwarzen Tasten, bis ich transpirierte. Meyn Rubato, eine finta
simplice, führte manche Jasmin zu Seuffzern, wo Ihr Osmin nebenbei
per Aspro ad Asthma allegro vivace respirierte. Sogar der dicke Vetter

45

unseres Canzlers, der aus St. Gilgen herbeykam, saß aber die Serenata tapfer bis zum Finale bestiale auß. Eine Salzburger Camerata fidelte honorig mit, nachdem die Schoenbrunner Streicherey ein besseres Geschäfft bey seyner Durchlaucht Grammo von Teutschland nit ausschlug – wie überhaupt hier mancherley Händel zwischen denen vom Wiener und Berlyner Hofe herrschet.

Ohnmöglich, die Menge Beyfall zu describieren, als ich endete! Es gab noch Bravi draußen, wo ich schon aus der Garderobe war. Danach kamen mancherley Elogen in meyne Camera (mit eigenem Häussl ohne Plumps!). So lud mich ein Emi aus dem Morgenland zu einer Visite, auch erstand ein Gesandter aus dem Kirschblüthenland für viell Duckaten die Partitura: Sony qui mal y pense! Darauff war Zeit für Speiß und Tranck en Compagnie des Fürsten Mortier, welcher eine pfiffige Zunge wider die Salieri-Promotores und die Grafen von Tantiemes wetzt.

Seit nicht mehr die Monegassen, die Fürsten von Decca oder die Großloge von Columbia, sondern die Flamen das Sagen haben, macht man viell Geschrey, welches aber nicht dem Apetit auff die wahre Kunst dienet. Kritikaster fusseln sich den Arsch wundt, ob man meyner Heymatstadt die neuesten Operas zumuthen könnte und eine Kulisse inmitten des Allerweltbarockes der f. e. Residenz schieff hängen dürfft. Im übrigen ist ein gewißer Monteverdi starck in Mode, den die Compagnie von Harnoncourt zwar trefflich gibt, dessen naive Contrapunctik ich aber mit Verlaub aufs radicalste in jede meyner Tasche stecke.

Hinter all dem Specktakel regieret eine Industria der Verwerthung, die alle Nothen auf Waltzen preßt, welche sich Jedermann daheim in automatische Claviere oder Spieluhren schieben und abhören kann, wann er sich daneben auch kämmt oder plättet. Eyne Kammermusique, die Polyhymnia vollends säkularisiert – und ich oder Constanze haben davon keinen Groschen!

O oui, jedweder Klein-Caro mio macht hier mit einem Fotzhobel mehr Gewinn als eyn Compositeur mit Operas.

Gestern mußte ich gar vor lauter Kreutzermangel bei einem schottischen Wirth in der Getreidegasse dinieren, welcher Hühner- und Fischtheile sowie Ochsenreste fasciert, im Öle wendet und rotpomadig auf Fladen drapiert. Solche Receptur findest Du gewißlich in keinem Köchelverzeichnuß. Diese burgerliche Küche macht nichts als fettichte Finger und ein schweres Herz, aber keyn leichtes Gemüth. Ohne den

Met der Müllner Mönche, von dem jeder Rüssel hier 358 Maß pro anno tunkt, frage ich mich im Regen und Kutschenstau: sollt' ich „Dort vergiß' leises Flehn'!" concipieren – oder doch lieber gleich meyn Requiem?

Für heut' Adieu, Theuerster, den nächsten Samstag gebe ich Dir Bescheid, wo dies alles noch endet. Ciao, wie der Lateyner sagt,

Dein treuer Hannswurst
Amadé Motzart.

*

Maestro des Fotzhobels!

Durch die Weißheit der Salomonellen lag ich heut beym Baader, welcher mich schröpfte: meyn Gekröse ist izt ein verminderter Accord, nachdem ich eyne Nacht mit eynem Bäsle im Schickaneder'schen Pavillon picknickte, um den angesagten Cometenschweiff zu schauen. Er wollt' nit kommen, dafür merckten wir nicht, daß auf dem Schweynebauch unther der Folia die Würm' Menuett tantzten! Oder wars die Nachspeiß, eyn Gebierg von heißer Lufft, eyn auf der Schüßel verankerter Montgolfiere aus Zuccerwatte con Eyer? Der Hölle Rache kochet in meynem Darm!

O widriges Schicksahl! Auf dem Heymwege fiellen wir noch in eyn Loch, weill soviell Gräben sind wie nach der Pestilenzia. Ißt eyne Gruben zu: da capo al fine. Wodurch die Stauung der Kutschen so groß werdt, daß die Volanteure nimmer wissen, wo abstellen und die Constabler die Menge Bußgeld cassieren. Der Ertz-Bischoff hat eyne Remise in den Berg sägen lassen, wohin die Karossen flüchten mögen: in diesen Heil'gen Hallen kennt man die Rache nit.

Das gemeyne Volk aber balget sich in der Alten Statt und hat offt vor Armuth keyne recte Hosen mehr an. Vor lauter Kurzweyl bey die Gewänder hängen allerley Backen oben wie unthen herauß in die pralle Sonn', was die Ratsherren giftet. Auch jodeln die Leüt aus Alkadien nächtens auff der Gass' Vivat Bacchus! oder „Mädchen und Reben würtzen das Leben", was ich mir für eine Opera buffa gemerckt habe. Dennoch stimmen die Wirth alleweyl La Clemenza ob Ihrer leeren Sälkel an, und in der Thath sah ich etlich' Geyervögel über Saltzburg kreißen.

Geldt regierth die Welth, theurer Orlando, auch wenn vor dem Dom, wo Jedermann hinrennet, auff eyner Pawlatschen ein gar reicher Mann zum Tagelohner wird, den der Teuffel holt, ohn' daß sich eyne Baroneß in spe um ihn kümmert. Diese Wanderschauspiellerey macht grad soviell Auflauff wie meyne Cosi, für dero Billets mann in der Subscriptions-Academia seyn muß, obgleich die Kulissenmanufacteure von nicht allzu superieurem Talent sindt sowie die Regia eyner enharmonischen Verwechslung gleichet.

Doch im Specktakel vor der Barocco-Fassade meyner Heymat gilt noch immer mehr Scheyn als Seyn, und für den Artifex: Schreyn oder Nicht-Seyn. Welchselbiges Du bemerckest, wann Du manche Gazetten lesest. Eyn ländliches, kleynes Bläthchen, welches eine Corona im Thitel führet, hat kaum Platz für Cultur ob seyner viellen Hofberichte. Die Zeyttung apportieret ad libitum, was die feyne Gesellschaft den andern Tag beym Wirthen in welchem Mieder gewandet geredt, ja zählet sogar die Brothkrumen im Menue vor. Wer wem beigewohnet hat und welche neüesten Buhlschaften bey denen Giovannis und Troubadixen adabey sind, ißt postum solchen Lakaien des Kiels wesenthlicher als jegliches Opus. Sapperlot: Selim Bassena. Jeder seriose mann muß ob solchem Theater zu Steyn erstarren, wann eyne Duscheß Elietta, welche die Königin der Nacht gibt, ohne Singen zu können, schon Schlagzeylen macht, bloß weill sie barfüßig durch den Koth der Getreydegass' lauffet.

Bey Männern, welche Liebe fühlen (zur Cunst), können Aperitivo et Aprés niemals das Eigenthliche seyn, auch wann sie noch soviell Effect machen. Wie meyn theurer Freünd Graf Walderdorff so recte sagt: Saltzburg ißt auch nimmer das, was es nie wahr. Mir ist das Plaisir vergangen, hier für eyn paar Duckaten Spielluhrmusiken zu componieren. Sobald ich kann, emigriere ich nach Mannheim, das Concert spar ich mir nach Pariß, dort schmier ichs her gleich auf den ersten Schiß. Als Testament lass ich „Leck mir den Arsch fein recht schön sauber!" zurück, welches meyn gethreuer Magister Köchel als Opus 328 d subsummiert hat.

Adieu, mon Orlando, bin eyn rechter Ox, nicht auch mit den Loyd-Webber'schen nach Engelland ausgewandert zu seyn! Buona nox, man braucht hier zuviell Stärcke und Muth, will man sich nicht einschmeicheln!

Euer Wolfgangus
Amadeus Motzartus.

Happy birthday!

Die Eilmeldung der „Kathpress", eine gewisse M. (Magd ohne rel. Bek.) habe am 24. 12. in einem Schuppen des Weilers B. einen gesunden Knaben entbunden, fand österreichweit beträchtliches Echo. Während der Kanzler die rauhnächtliche Niederkunft als „Beleg für die Familienfreundlichkeit des Sparpakets" wertet und keinen weiteren Handlungsbedarf zu erkennen vermag, verspricht der Vizekanzler dem Neugeborenen ein Sparbuch der Raika. Gleichzeitig warnt er vor weiteren Einschränkungen der Ärzte-Rufbereitschaft am flachen Land. Die Grünen zeigen sich erfreut, daß es „auch ohne Plastikwindeln geht" und loben die „artgerechte Tierhaltung" in diesem Stall. Die Liberalen sehen im Vorfall ein Zeichen, „wie positiv sich ein freier Wohnungsmarkt auf eigenverantwortliche Geburtenraten" auswirkt. Parteiobmann Haider hingegen nennt das Ereignis „ein typisches Beispiel, wie Ausländerkinder an unsere Krippen drängen" und fordert eine neue Volkszählung sowie die Verminung der Ost-, Nord- und Südgrenzen.

Unterschiedlich auch die Reaktionen in den Medien. Während „profil" in seiner Serie „Engels- statt Marx-Kult" über „Josefsehen" berichtet, titelt „Täglich alles": „Gott weiß, wer der Vater ist!" – und zahlte vorbeugend eine namhafte Summe an Udo Jürgens. Die „Furche" schlägt „Jesus" als „zeitgemäßen" Kindesnamen vor. Worauf Bischof Krenn in einem Leserbrief kontert: „Wer Jesus ist, bestimme ich!" Der „Standard" diskutiert ("Pro & Contra") „Arbeitslose Zimmermeister als Hausmänner?" und kündigt ein neues, nonverbales Handke-Stück an der Burg an: „Die Stunde, in der wir niederkamen". Die „Krone" feiert zwar lokal ein „Weihnachtswunder: Erstgeburt ohne Primar, den wir ablichten durften!", verweist aber überregional auf das Bettelverbot gegenüber ausländischen Königen. Kathi Zechner (ORF) verspricht die dreifache Verwertung des Events („Mariandl III", „Stadl-Spezial", „Eine Scheune am Wörthersee"), wobei Schäferhund und Confetti-Löwe Ochs und Esel ersetzen. „Vera" wird sich um die Eltern in ihrem Talk bemühen. „News" bringt den „Erstabdruck des offiziellen Exklusivfotos der Geburt", den „vollständigen Text des Mutter-Kind-Passes" und reiht das Neugeborene im „Newcomer-Ranking" nur knapp hinter Niki Lauda.

Daß das Kind ständig verneinend seinen Lockenkopf schüttelt, führt der Sprengelarzt von N. im übrigen auf ein Geburtstrauma zurück, „eine Art Schüttellähmung oder verzweifelter Lachkrampf angesichts der Welt" – und verordnete strengste Krippenruhe.

Ode an Otto

O Otto*! Du Mozart der Festspiele des Kleinen Mannes! Hecht im Flankenbereich! Violet Baron des Salzburger Luftraumes! Engel der Linie! Beschützer des Kreuzecks! Vernichter der Chancen der Angreifer! Flugartist Du mit Netz! Bändiger der gemeinsten Stöße! Faustendes Bollwerk in jedem Ansturm von Ried bis Riad! Reinhalter aller Kästen, der Du die Bälle begräbst unter der Heldenbrust! Entschärfer aller Granaten! Magier des Elfmeterpunktes! Zahnweißer Batman der Querlatte! Sänger der Siege! Hüne des langen Eckes! Retter des alpenländischen Strafraums! Handschuhbewährter Dirigent der Abwehr! Maestro des Siebeners! Otto-Motor der Ankurbelungswellen! Sichernde Krake seit Krankls Tagen! Otto-Versand von Kugeln bis hinter des Gegners Linien! Puma an jeder Viererkette! Hüter des Tores zur 7. Glückseligkeit sämtlicher Stadionkurven! Tiger von Lehen! Champion der Liga! Überkonsel der Fußabwehr! Strahlender Keeper der goldenen Leib-Schüssel aller Salzburger!

Wie konntest Du uns verlassen?

Gut, im Sommer wärest Du ohnehin ablöse-frei gewesen. Okay, die neue Spannung, der alte Rioja und sieben Mille netto per anno …

Aber was ist das gegen die Milliarden von Zähren aller ottomanischen Stämme, die wir eh schon eine ganze Nationalmannschaft verkauften! Weshalb hörten wir von Präsident Rudi nicht: Konrad, spricht der Herr Papa, ich flieg fort – und Du bleibst da! Wie kannst Du, der seit Sturm-Tagen kein Steirer-Goal zuließ, die sichere Schale in der Heimat gegen die Ungewißheit eines hispanischen Nachzüglers tauschen? Nach Salzburg sind wenigstens Nockerl benannt! Was schon nach Saragossa? Härteste Bandage, Otto: ohne Dich wird die

---

* Torhüter Otto Konrad verließ im Jänner 1997 Austria Salzburg Richtung Real Saragossa.

schönste Nebensache der Welt gewiß bloß zur zweitschönsten! Wer soll nun je die Abdrücke Deiner Stollen im Stadionrasen füllen? Ich jedenfalls werde nur noch versunken in der Ottomane die alten Alben wälzen, traurig beseelt von der nüchternen Einsicht: Ob Deine Entscheidung, unsere Pfosten verwaisen zu lassen, richtig war, kann letztlich nur die Zukunft erweisen.

Liebste Mama!

(An sich ist ja diese Anrede Nonsens, weil jeder nur *eine* liebe Mutter hat – sodaß wir gar keine ‚liebere' haben könnten ...)

Morgen überfallen also wieder Krümelmonster die Betten aller Muttis, die sich, längst hellwach von klirrenden Tassen, brav schlafend stellen. Unrasierte Rabenväter mit akutem Madonnen-Komplex rasen zu Fliederorgien, als wäre die Gattin begräbnisreif. Küchentische biegen sich unter Sonderschichten von „Mon Cherie" oder elektrischen Eierschneidern. Drogerie-Dealer lassen flächendeckend Mammanasen schniefen. Selbst Oma, eigentlich fast schon vergessen, wird aus dem Heim hervorgeholt und im Wienerwald am Seniorentellerrand ausgesetzt.

Selbstverständlich rühren Selbstgebasteltes aus Kinderhand oder Gestottertes aus Kindermund auch ehrlich. Aber sonst ist, ehrlich gesagt, „Mother's Day"– seit 1914 in Amerika nationaler Feiertag – eine weltweite Augenauswischerei. Die hehre Absicht von Marianne Hainisch, Mutter eines Bundespräsidenten, auch bei uns einen wirklichen „Bedenktag" zu schaffen, verkam seit 1924 zum Fixtermin für Gefühligkeit und Wohlstandsgerümpel. Oder unterzeichnet irgendein Bundespräsident zur Feier des Tages seiner Mutter ein halbwegs erfülltes Frauen-Volksbegehren? Ist gleicher Lohn für gleiche Arbeit schon selbstverständlich? „Danke für viele Jahre Miteinander" ist schließlich kein alltäglicher Gattengruß, sondern der Werbeslogan für „100 Jahre Maggi"!

Vom 365stel des Respektes gegenüber Muttern hat Vater noch einen weiten Weg bis Halbe-Halbe: ein Guglhupf pro Jahr wirkt da eher wie ein Stolperstein. Trotzdem aber morgen wieder: Friede, Freude, Mutterkuchen! Die Geduld von Euch Frauen, diesen Tag weiter feiern zu lassen, den Ihr wohl für einen schlechten Mutterwitz haltet, ist ein großes Glück für uns Männer. Vater braucht Mutters Ehrentag nämlich unbedingt: zur psychischen Entlastung.

Saugen macht vielleicht nicht immer lustig. Aber wenn Du alle Zutaten zum Marmorkuchen angeschleppt, die restliche Wäsche gebügelt, sämtliche Kinderaufgaben gelöst und den Bierkasten aus dem Keller geholt hast – dann freu' Dich leeren Sinnes, aber vollen Herzens auf morgen, auf Deinen Ehrentag! Auch wenn der Staat nichts als ein Sparpaket für Dich übrig hat: Dein Kind hat reinen Herzens sein Sparschwein für Dich gekillt.

Du gönnst doch der Fernsehwerbung den Erfolg und den Floristen die Spitzenumsätze? Falls Du Dich irgendwann ungeliebt gefühlt haben solltest: „4711" und „Mon Cherie" lieben dich! Und ein Allesschneider sagt überhaupt mehr als alle Worte.

Ob Trümmerfrau in den Ruinen der Beziehung oder Alleinerziehende selbst in ehelicher Zweisamkeit: Morgen sollst Du bitte fröhlich Unterbezahlung bei Doppelbelastung vergessen. Demnächst sind ohnehin alle Frauenfragen beantwortet: schon ist jeder zweite Abgeordnete weiblich. (Solltest Du die Stirn noch runzeln, leg' die geschenkte Creme auf).

Hauptsache, das Wetter hält! Dann sind falsche Töne aus Gattenmund oder Blockflöten halb so nervend. Willst Du vielleicht sogar Papas Auto zum Backhendlausflug lenken? Natürlich! Braucht er nicht nur nicht abzuwaschen, sondern darf auch trinken. Ich wünsch Dir von Herzen, daß Du auf dem Heimweg von den Kuchen-Sahne-Attacken nicht in den Stau vorm Altersheim gerätst, wo sich die einmalige Invasion stets nur zögernd auflöst. Und abends: trautes Fernsehen wie immer…

Die Kuchenform kannst Du auch übermorgen säubern. Vergiß aber in diesem Meer von Achtung und Liebe bitte nicht, daß Montag wieder ein völlig normaler Arbeitstag ist. Genieß diesen einen Sonntag ganz entspannt und bewußt. Übermorgen hast Du, liebste Mutter, Deine Chance gehabt!

Also wie immer: Alles Liebe,

Dein Bub

Mit dieser Natur werden wir fertig!

(Ozon-Löcher, Muren, Waldschäden, Klima-Verschärfung, Öko-Panikmache, Auto- (Motorräder)-Raus-Parolen, Uranium-Hearings, Wasserknappheit ... wo soll das alles enden? Unser Experte für Umwälz-Schutz sagt offen, wo's langgeht. Wir bringen Auszüge aus einem längeren Referat, das ins Grundsätzliche lappt: Müssen Vordenker nachdenken?)

Ich freue mich außerordentlich, auf diesem Ihrem Symposium „Natur muß nicht sein!" ein offenes Wort an Sie richten zu dürfen. Wie Sie wissen, bin ich Inhaber eines Drehstuhls für „Verschleiernde Hinhaltungsforschung" – und in dieser Gutachterfunktion selbstverständlich an keinerlei Weisungen gebunden. Höchstens an Überweisungen.

Medias in res! Meine Grundthese lautet: Natur ist – vom menschlichen Standpunkt aus, also human betrachtet – artfremd.

Diese Tatsache ist jederzeit belegbar. Stellen wir uns beispielsweise mutig, aber vorurteilsfrei der oft gehörten Frage: Wer ist schuld am Baumsterben? Ich kann Ihnen, gestützt auf eingehende Forschungen an unseren Baumleichen, darauf eine eindeutige Antwort geben. Schuld am Waldsterben ist zu 99,7 Prozent – die Vegetation!

Sie ist es nämlich, jeder von Ihnen kann dies persönlich im Garten oder Park nachprüfen, die auf geänderte Rahmenbedingungen und Wachstumsvoraussetzungen unflexibel, uninformiert und irrational reagiert! Während von uns allen, also immerhin der Krone der Schöpfung, natürlich die ständige Bereitschaft zur Veränderung verlangt wird, beharrt die Natur im allgemeinen, insbesondere aber der Baum an sich sowie der mit ihm aufs engste verwurzelte Boden, noch immer stur auf überholten, obsoleten und uneinsichtigen Positionen. Natur per se ist wertkonservativ, ja nachgerade reaktionär! Selbst die letzte Krüppelkiefer insistiert heute, als hätte es Darwin nie gegeben, auf einem Da- und So-Seinsbegriff, der aus Egoismus und Größenwahnsinn erwächst – und damit die realen Verhältnisse im Grunde völlig verkennt.

Wenn uns heute etwa ein Hochwald im hintersten Tal daherkommt und auf solch plumpe, brachiale Weise mit der Verkarstung unserer Alpen drohen zu müssen glaubt, können wir darauf nur antworten: er zeigt bloß seine Unfähigkeit zu findiger Anpassung, wendiger Integration und friedlicher Koexistenz mit dieser unserer vogelfreien Markt- und Gesellschaftsordnung!

Was haben Menschen und Industrie dem Wald als Verband, ja selbst dem Einzelstrauch und sogar dem unorganisierten Au- und Urwald nicht alles an Überbrückungshilfen hinsichtlich längst fälliger Mutationen angeboten. Ich erwähne bloß: Überdüngung seit Jahren, Schwefel (in öffentlich fast nicht mehr zu vertretender Menge), Dioxine, Herbizide, Pestizide, Benzole, Bunt- und Schwermetalle … allesamt freiwillig von uns bereitgestellt und ohne Ansehen von Rasse, Klasse oder Standort gleichmäßig auf alle verteilt!

Und wie dankt es uns die gemeine Lärche? Sie ist, wir wissen es alle, heute im Bereich unserer Städte praktisch nicht mehr gesprächsbereit; sie hat sich mimosenhaft und parasitär in Schmollwinkel abseitigster Hochmoore zurück- und sich so dem offenen, ehrlichen Dialog mit unseren Schloten entzogen. Auch wenn es dem Klima nicht paßt: wer raucht, arbeitet. Der vulgäre Baum hingegen verweigert die Mitarbeit an unserer einen, schönen Welt massenhaft.

Ist es denn, frage ich Sie und mich, von einer einigermaßen gebildeten, ausgewachsenen Fichte etwa am Brenner zuviel verlangt, daß sie bei (durchziehenden) Transitwolken von Stickoxiden Mobilität zeigt – und temporär umtopft? Kann denn, wenn selbst eine gewiß nur mit Gewalt zu verändernde Region wie der Pinzgau heute ständig in Bewegung gerät, nicht auch von der Kaiserbuche erwartet werden, daß sie sich umschulen läßt – auf Bonsai?

Verehrte MitstreiterInnen, liebes Management, werte Freunde der Chemie, Hohes Haus: Angesichts der bekannten unnachgiebigen, intoleranten Haltung unserer vegetarischen Umgebung können wir heute nicht mehr von „Botanik", sondern nur noch von „Sabotanik" sprechen. Wir aber sind aufgerufen, diese unvollkommene Umwelt zu verändern – und sei es mit unseren Baufirmen.

Ich werde nicht in den modischen Defaitismus verfallen, der weite Teile unserer Medienlandschaft verseucht hat. „Ozonloch" – wenn ich das schon höre! Sowohl Ozon als auch Löcher kommen ganz natürlich in der Natur vor. Noch meine Mutter schleppte mich in meiner Kindheit an den Waldesrand und befahl: tief einatmen, hier gibt's Ozon. Aber grüngetarnte Rote kennen keine Tradition. Sie sind der ultimativen Ratio nicht zugänglich, auch wenn Hunderttausende täglich beweisen, daß unsere Autos auch ohne Wald fahren.

Dabei gibt es durchaus beeindruckende Beispiele für den Sieg der technischen Intelligenz. So hat sich etwa im Bereich der Energiesparmaßnahmen das von uns schon immer geforderte Prinzip „small is beautiful" durchgesetzt. Dafür leben wir heute „safe", wie der Brite sagt. Das muß uns doch das eine oder andere Rinnsal wert sein! (Dafür wird die Stockente eingesetzt und der Mastenwald aufgeforstet.)

Oder erinnern wir uns, an wievielen Auswüchsen von Naturliebe wir vor wenigen Jahren sentimental hängen zu müssen glaubten. Wie oft am Tag benötigen Sie heute wirklich noch „Enzian" in seiner ursprünglichen, marginalen, kreuchenden Erscheinungsweise? Auch „Uhu", „Lux" oder „Panda" leben weiter – in zeitgemäßer Form. Ist nicht auch der beinahe tot geglaubte „Leopard" ein schönes Exempel für konstruktives Nebeneinander von Technik und Schöpfung? (Heute vermehrt er sich im Bereich unserer Truppenübungsplätze wieder durchaus zufriedenstellend.) Und das Aussterben der Pocken (als einem unwiederbringlichen Stück Natur) wurde gerade von der Pharmaindustrie längst verschmerzt: Im ewigen Kreislauf von gesteuertem Vergehen und kreativem Werden sind massenhaft andere Medikamente entstanden, deren Nebenwirkungen allein gesundes Florieren garantieren. Wie es überhaupt darauf ankommt, viele heute negativ besetzte Begriffe neuen Bedeutungshorizonten zuzuführen: „volles Rohr" (bei Abwässern, Motorrädern etc.) darf keinesfalls nur der radikal einseitigen Deutung etwa von „Greenpiss" überlassen werden! „Alles ist im Fluß" war von den Altgriechen nur positiv gemeint. Und ist letztlich nicht alles relativ? Selbst bei allergrößter Trokkenheit besteht ein Volltrunkener, nüchtern betrachtet, immer noch aus mehr Wasser denn aus Alk.

Mit dem üblichen Pessimismus ist der allseitige Fortschritt freilich nicht zu ertragen, und es bedarf der täglichen Anstrengung jedes einzelnen, den Spray vom Weizen zu trennen. (Müssen wir uns wirklich zweimal an der Kasse anstellen, wenn es die Einwegflasche gibt?) Doch wenn wir heute mit Stolz bemerken, daß unser Schwein aus nachweislich mehr Fett denn aus Antibiotika besteht, daß Anabolika nicht mehr gentechnisch, sondern aus Olympiasiegern gewonnen werden können; wenn die Hausfrau von der Straße (sauer macht lustig!) ihre Salzgurke simpel im Regenwasser einlegen, der sparsame Hausbesitzer seine Ölheizung oft direkt im Erdreich anschließen und der kundige Forscher so wertvolle Grundstoffe wie Zink, Cadmium oder Blei aus den Gletscherresten recyclen kann – dann sind dies doch ermutigende Zeichen, daß wir auf dem richtigen, dem finalen Weg sind.

Last not least sind wir ja alle, als Mensch, Manager oder Müllerzeuger, die wir überprüfbar in direkter Linie vom Affen abstammen, der überzeugendste Beweis für die Überlegenheit des kleinhirnigen Mutanten über die anpassungsunwillige Flora und Restfauna.

Machen wir uns die Erde untertan, solange sie noch steht. Es gibt viel zu tun. Baden wir's aus!

A.E.I.O.U.!

Was Salzburg trennt, erfahren wir täglich. Was aber eint Aktionär und Arbeitslosen, Irokesen und Cobra, Rot und Blau, Holz- und Eierkopf? Richtig: die Farbe Violett.

Über stahlharten Muskeln ist sie neunzig Minuten bereit, dem finsteren Konsel und Konsorten siegesmutig ins Grün-Weiße zu trotzen und sie vom bitteren Kelch der Niederlage schlürfen zu lassen!

Was heißt hier „Spiel"? Wer plappert noch lächerlich von „Elf", wenn ganz Salzburg aufs Feld der Ehre läuft! Wagte in diesem heiligen Furor irgend jemand von Unbilligkeit zu sprechen? Welcher Verein bemühter Ledertreter sollte denn bestehen können vor unserem glänzenden Kollektiv makelloser Individualisten, das im Herbst locker eine halbe Nationalmannschaft vorgeben konnte! Welcher andere Gruppenleiter wollte sich ernsthaft mit unserem Feldherrn Heri messen? Laufen irgendwo sonst noch Flankengötter wie Auf- oder Amerhauser? Wer sollte an Szewczyk vorbeikommen, mit Klausz, mit Ibertsberger Schritt halten? Oder angesichts Ilsankers noch länger zu hoffen wagen, im Luftraum von „Casino" würde russisches Roulette gespielt?

Es sind, wie es der große Mäzenas Quehenberger so richtig formulierte, die „Festspiele des kleinen Mannes" ausgerufen, bei denen die Genialität unserer Artisten das Gestocher jedes Gegners zu freudlosem Kunsthand- bzw. Fußwerk stempelt. Traurig, daß jeder (L)ehener Antritt der begnadeten Plastikstollen die Bemühungen von Talenten wie Stöger oder Wagner in den Stadionstaub schicken muß.

So füge dich denn, Land, ins Sonnenklare: in den Glanz der Meister-schale. Rüste dich, Stadt, mit einem Meer von Fahnen, auf denen „AEIOU" glänzt: Austrias Erfolg Ist Offenkundig Unvermeidlich!

Und schweige endlich auch du, Ironie, wo jeder leichtfertige Spaß sich von selbst verbietet: im violetten Oval des Triumphes, wo heute die Welle des endgültigen Meisterschafts-Sieges brandet!

Denn nur, wenn ich mich, schier undenkbar, in meinen Helden geirrt haben sollte, wäre Fußball die schönste Nebensache der Welt.

Thomas Bernhard hat mir gefaxt!

So, werter Herr, wie ich mir ausnahmslos jegliche Aufführung meiner Bühnenstücke in diesem Land, das mich einst wenig geachtet oder verachtet oder überhaupt nicht beachtet hat, verbeten habe, verbitte ich mir nun jede Benennung auch nur des kürzesten Weges nach meinem Namen in einer Stadt, an der von Mozart über Trakl bis Zweig schon so viele gestorben sind und noch sterben werden, und sei es auch nur des Föhns wegen!

Bekanntlich haben einige Unbeirrbare aus dem weiten Land der Kultur, das hier trotz oder gerade wegen der Berge naturgemäß flach ist und im Dunstkreis dieser Stadt reservathaft auf ein „Kulturgelände im Nonntal" schrumpfen muß, gleichsam aus Trotz gegen die un-endliche Stumpfsinnigkeit der Behörden und die unbegrenzte Igno-ranz der Bewohner ein Blechschild mit meinem Namen enthüllt, um endlich wenigstens an der Peripherie, an einem lächerlichen Liefe-rantenzugang, auf die Zufälligkeit meiner begrenzten Existenz in dieser Stadt hinweisen zu wollen.

Ich aber will diesen Hinweis nicht. Nicht, weil ich die ohnehin sinnlose Ehrbarkeit der Absichten dieser Unbeirrbaren in Frage stell-te, sondern weil es mir noch sinnloser, ja ehrloser erschiene, eine Stadt, in der jede bekannte Nazigröße nach wie vor namentlich ihre kleine Gasse hat, mit meinem Namen überhaupt noch in Verbindung zu bringen. Solche Blechtafeln zur Benennung der auf das rücksichts-loseste betonierten und bebauten Straßen wirken auch in bester Ab-sicht nur auf das gemeinste verklärend statt erklärend, indem sie bloß der Benennung und nicht der Erkennung dienen, beispielsweise höchstens „Franz-Joseph" sagen und nicht „jener vertrottelte Kaiser, der die ‚Erklärung' des ersten Weltkrieges unterschrieb" hinzufügen.

So ist es enthüllend genug, wenn mich einige Bewohner einer anderen Straße, die nach mir zu benennen voraussetzte, daß jemand diese Stadt als „Nest" empfunden haben müßte, ehe er sie je „beschmutzt" haben könnte, als „Nestbeschmutzer" beschmutzt haben. Würden wir uns, werter Herr, heute noch im „Café Mozart" treffen, würde ich Ihnen gegenüber den Ausdruck „Volltrottel" für die politisch und bürokratisch Verantwortlichen, die sich dem Druck jener Straße natürlich sofort beugten, auf das gewissenhafteste vermeiden, weil er eine negative Vollkommenheit beschwöre, die ein wirklicher Volltrottel in Wirklichkeit niemals voll einzulösen vermöchte.

Vielmehr ist es so, daß ich, der ich immer gerne gegangen bin und, wie Ihnen vielleicht erinnerlich, eine Erzählung „Gehen" benannt habe, in den allermeisten Straßen, ja selbst in einer, die nach mir benannt worden wäre, heute gar nicht mehr gehen könnte! Wie ich in Ihrer Zeitung lesen konnte, hat irgendein lächerliches Ministerium in Wien, dieser verrottetsten aller Metropolen Europas, das Geld für das Rückbauen der mörderischen Bundesstraßen gestrichen, weil es „nur" der „Ortsverschönerung und Verkehrsbehinderung" diene. Als ob Ortsverschönerung und Verkehrsbehinderung die allergrößten Verbrechen wären – und nicht die Verweigerung jeglicher Straßenverengung unweigerlich die Erlaubnis der größten Denkverengung bedeutete, die naturgemäß nichts als eine neuerliche Straßenverengung durch Ketten denkender Menschen nach sich zieht!

Es erscheint als besonderes, lachhaftes Beispiel für die Natur des Menschen im allgemeinen, daß sein gewissenloses Betreiben der Versteppung der Natur gnadenlos mit seiner eigenen Verdeppung verbunden ist. Verdeppung einerseits, Versteppung andererseits, das sind die beiden tödlichen Klingen der Schere im Kopf, in die der empfindsame Salzburger unweigerlich gerät, stürzt er sich nicht ohnehin von einem der Stadtberge, weil er, wie ich ebenfalls in Ihrer Zeitung lesen mußte, trotz angestrengtester Arbeit kein Dach mehr über dem Kopf findet, für das ein gewissenloser Makler nicht drei Monatsmieten Provision verlangte.

Ich habe mich, mein Herr, immer gerne selbst zitiert, aber keinesfalls deshalb, weil ich mich gerne wiederholen wollte, sondern weil einen die ständigen Widerwärtigkeiten der Existenz inständig dazu zwingen, sich zu wiederholen: „Existenz ist Irrtum. Damit müssen wir uns früh genug abfinden, damit wir eine Grundlage haben, auf welcher wir existieren können. Aber an diese Grundlage als Grundsatz zu denken, sind wir nicht immer verpflichtet, das müssen wir nicht, das können wir nicht. Wir können immer wieder nur Ja sagen in dem, zu welchem wir bedingungslos Nein sagen müssen, verstehen Sie, das ist die Tatsache."

Tatsache ist auch, daß ich in aller Traurigkeit, ja geradezu ihretwegen darüber lache, das alles nicht mehr erleben und durchleben zu müssen. Wenngleich Sie aus der Tatsache, daß ich bereits verstorben bin, unter gar keinen Umständen schließen dürfen, daß ich schon tot sei.

Jenseits von Afrika (Bericht des Spähers W.)

Großer Häuptling!

In unserem unablässigen Bemühen, die letzten weißen Flecken auf der Landkarte des Zentralgebietes der Alten Welt zu tilgen, sind wir nun bis „Quasi-Land" vorgestoßen, welches im Sonnenuntergang von Salzkamerun liegt. (Du erinnerst dich gewiß an unseren Bericht vom Wolfganjika-See!) Nachdem wir, aus den Homelands der Pongowes kommend, die wilden Tauernzwuori-Berge überquert hatten, folgten wir in Tennsania einem leidlich grünen, wenigstens aber krokodilfreien Fluß, den die Eingeborenen von N'Golling-Golling „Salzambesi" nennen, sein Schwemmgebiet aber „Safe-Land".

Den Marktplatz Perchtesghana links liegen lassend, trieb es uns in den Norden, in das Stammesgebiet der Salztuareg, die als Händler und Sammler, aber auch ob ihrer Gesänge und Riten berühmt sind. Über einige kleinere Streu-Krals wie Sierra Leonhard, Tanana-Rif, Grödswana oder Fürstenburundi gelangten wir schließlich nach Sudanif, einer lieblichen Parksavanne. Eine Handvoll Geier, die dort gierig kreisten, zeigte uns an, daß wir uns in der Nähe einer bedeutenden Siedlung befinden mußten. Auch eine hohe Köhler-Fahne in der Ferne deutete darauf hin. Sollten wir wirklich…?

Aufgeregt zogen wir weiter nach Aiguinea, einem Grasland am Fuße eines Murenkegels. Zwei mürrische Buschmänner, durch röhrenförmige Hirschhaut-Schurze sowie einen Kopfschmuck aus Bärten von Bergziegen als Jäger gekennzeichnet und auf einem Holzgerüst wohl Zwergantilopen oder wilden Dachshunden auflauernd, nahmen uns – nach der hier üblichen Gabe einiger Kupferplättchen, die wir schon in Wienhuk massenhaft gegen einen unserer kleineren Glassteine eingetauscht hatten – beinahe alle Zweifel: Das sagenhafte „Salzbabwe", das Eure in die Neue Welt verschleppten Enkelinnen Norman und Price so oft besungen hatten, lag vor uns!

Da ein Sturm (in der Eingeborenensprache: „Wedda!") aufzog, in diesen „Tagen des Hundes" keine Seltenheit, heuerten wir im Stützpunkt Elsbethville den einsamen Hüter eines gelblichen Langhauses als Träger an. Als wir ihm schweren Herzens mehrere der bräunlichen Papyrus-Lappen ausgehändigt hatten, erklärte er sich in breitem Pidgin-Englisch, das hier überall gesprochen wird, bereit, uns und unser Gepäck ins Hauptdorf zu bringen. Bald fanden wir uns mit der nashornzornigen (im *Original: „affenartigen"* – *Anm. d. Red.*) Geschwindigkeit ab, mit der das ganze Langhaus, von unsichtbaren Kräften wie eine schwankende Fähre an einer schwarzen Liane gezogen, auf einer monsunsicheren Piste dahinrumpelte. Wir wachten erst auf, als uns der Eingeborene, der in seiner grauen Träger-Kleidung ein wenig an unsere früheren Askaris erinnerte, mit einem kurzen „Haanjsch-Pltz", das wir nicht deuten konnten, die Tür wies...

Salzbabwe, früher „Salesbury", erwies sich im Lichte unsichtbarer Fackeln als Ansammlung vieler viereckiger Steinhütten, die ohne erkennbaren Bauplan links und rechts des Salzambesi teilweise schon vor langer Zeit errichtet wurden. Obwohl die Nacht bereits hereingebrochen war, bevölkerten viele Frauen und Männer die Flußübergänge aus gebranntem Ziegel. Auch Abordnungen fremder Stämme, wir erkannten Coca-Sud trinkende Burschen aus Hottentottenham oder Gruppen bleicher Japanesen, blickten zum Kral („Fest'ng") des Häuptlings auf dem Tafelberg hoch. Auf unsere Frage erhielten wir die Antwort, daß wir gerade rechtzeitig zum „Fest des Sommers" gekommen wären – ansonsten (während der Regenzeit) die Siedlung einem „toten Beinkleid" gliche, wie die jungen Salztuareg sagen.

Einige Da-Nubier, ob ihres eigentümlich gedehnten Dialektes eindeutig vom „Breiten-See" stammend, wiesen uns den Weg in eine der zahlreichen Gästehütten. Als der prunkvoll gewandete Türwächter dort jedoch für unser Lager einen halben Stoßzahn verlangte, schlugen wir selbiges unter dem Steinbogen der „Caroline-Bridge" auf, wo bereits einige Eingeborene ruhten.

Da uns bald der Hunger quälte, die Keulen der gerösteten Warzenschweine waren längst verzehrt, suchten wir eine der vielen Vorrats- und Palaver-Hütten auf. Nach langem Suchen und einem satten Bakschisch fanden wir Platz in einem Steinhaus mit gestampftem Lehmboden, dessen Feuer noch brannte und dessen Eingang mit einem Wappen, das einen goldenen Hirschen zeigte, verziert war. Ein schwarzgekleideter, aber hellhäutiger Sklave wies uns einen Platz in der Ecke des Hauptraumes zu: man sitzt bei den Salztuareg nicht zusammen, sondern im Schein von Funzeln auf unbequemen Schemeln an erhöhten hölzernen Vierecken, auf denen weiße Tücher und allerlei Messer und Spieße liegen.

Während des langen Wartens lernten wir eines der wichtigsten Wörter der Salztuareg kennen. Es lautet: „Noch-N'Birr!" Auf diesen, meist laut ausgestoßenen Ruf erscheint eine kräftige, in enges, buntes Leinen gekleidete Nebenfrau des Sippenältesten und trägt größere oder kleinere Tonkrüge auf, die eine weiße Schaumkrone bedeckt. Neugierig nippten wir an dem bräunlichen Saft, der sich als Gemisch von vergorener Gerste und Malz herausstellte und, wenigstens in einem Fall, schon „seit 1492" in diesem Steingefäß mit Haltgriff gelagert worden sein mußte.

*

So hockten wir also, großer Häuptling, inmitten der Salztuareg und einem bunten Gemisch fremder Stämme in der Palaver-Hütte nahe dem Marktplatz von Salzbabwe und stimmten in ihren Kampfruf „Noch-N'Birr" ein. Der holzverschlagene Raum war einesteils voll mit den Nachkommen bedeutender Jäger, wie wir an den kleinen Krokodilen, die sie auf ihre Baumwoll-Obergewänder genäht hatten, erkennen konnten.

Die andere Hälfte des Langschiffes, die die Totem-Maske einer gewissen Gottheit namens „Amma-deus" zierte, bevölkerten die ruhigeren Honoratioren des Dorfes. Sie unterhielten sich gedämpft in unbekannten Sprachen, die vornehmlich aus Zahlen zu bestehen schienen. Mitunter fielen Worte wie „Haussa!" oder „Bees!", wohl Beutetiere, mit denen sie zu kämpfen haben. Jedoch trug keiner der oft wohlgenährten und silberhaarigen Männer eine Waffe. Einzig ihre schönen Frauen schienen bereit für Jagd oder Kampf: sie zeigen vielfach hennafarbene Wangenbemalungen und blaugrüne Ringe um die Augen, während Hals, Ohren und Arme durch allerlei Reifen und Amulette aus Witwatersrand geschmückt werden. (Auch Nasenringe sind bei ihnen bekannt.)

Die Männer hingegen fallen in ihren edlen, jedoch eintönig schwarzen Kleidern nicht sonderlich auf, wenngleich sie sich durch enggeknotete Halstücher, die sie selbst bei großer Hitze nicht ablegen, zu unterscheiden trachten. Bei einigen wird die Leibesfülle durch breite, auberginefarbene Schärpen zurückgehalten. Von den einfachen Salztuareg werden diese ranghöheren Stammesbrüder „Szenegalesen" genannt, die sich angeblich nur zum großen „Fest des Sommers" zeigen und silberne Plättchen, die sie offenbar in fernen Bergwerken in großen Mengen gewinnen, nach Salzbabwe tragen.

Wir verlangten vom Speisenträger, auch uns eine der weißen Scheiben, auf die hier die Nahrung gehäuft wird, zu bringen. Auf seine mürrische Antwort, er bejage ein anderes Revier, sowie nach zwei weiteren Krügen Gerstensaftes (aus einer Quelle aus Ober-Truma) erklärte sich sein jüngerer Bruder bereit, jene Speisen zu benennen, die auf der Feuerstelle im hinteren Raum noch warmgehalten wurden: „Jäger-Brat'n", „Frank-Furter" oder „Buren-Scharf"! Du kannst Dir, großer Häuptling, gewiß unser Entsetzen über diesen Vorschlag ausmalen: Sollten sich an den Ufern des Salzambesi noch Spuren des überwunden geglaubten Kannibalismus erhalten haben?

Als wir beinahe schon erschrocken nach den Messern und vierzackigen Spießen vor uns griffen, brachte uns der Essenträger rasch ein fleischloses Gericht, das die Eingeborenen als „Salzbabwe N'Ocki" bezeichnen. Obwohl es wie eine feste Nachbildung unseres Kilimandscharo aussieht, zerfließt es bei längerer Betrachtung haltlos zu einem zuckerrohrsüßen Brei, wie ihn auch wir für unsere Kleinkinder oder zahnlosen Greise aus Vogeleiern bereiten.

Während wir die hohle, klebrige Masse aus heißer Luft, die uns für die Grundhaltung in ganz Quasiland nicht untypisch vorkam, nach festen, kaubaren Bestandteilen abstocherten, bot sich uns ein eigentümlich schwankender Eingeborener vom Stamme der „Lalla" als Führer an. Obgleich uns seine Beteuerung, er sei „neger" – wobei er immer wieder auf ein leeres Beutelchen aus Tierhaut klopfte – nicht allzu glaubwürdig erschien, schlugen wir ein. (In der einfachen Vorstellungswelt der Salztuareg ist auch der Oberhäuptling ihres Stammesgebietes ein „Schwarzer").

Jo-Seph, wie sich unser filzhutbewehrter Führer nannte, geleitete uns mit gurgelnden Kehlkopflauten an einen Ort namens „Hirsegasse", vorbei an vielen Kaffeehütten sowie kleinen Läden, in denen schwarze oder silberne Scheiben lagern, die die Salztuareg auf schwarzen Hausaltären opfern, auf daß sie die Götter – sie nennen sie „Muti", „Solti" oder einfach „Emi" – erhören.

Die „Hirsegasse" erwies sich als enge, gepflasterte Piste zwischen hohen Steinhäusern. Weshalb sie so heißt, blieb uns verborgen, gibt es doch dort keinen einzigen Körnerstand oder gar ein freies Feld. Hingegen werden auf weißem Schaumstoff allerlei kautschukartige Fladen, gefüllt mit öligen Scheiben gepreßten Rindes oder stäbchenförmigen Fischen, feilgeboten. Auch ist es bei den Salztuareg Brauch, zwischen Wäschestücken oder Schweinehälften bunte Abbildungen von Sangespriesterinnen oder der „Hüter der Elfenbeinstäbe" aufzuhängen. Unter den Ahnen, die sie verehren, ist der bekannteste ein gewisser „WA-Mocam", dessen Bild auf kostbaren Papyruslappen und billigen Krügen zu finden ist, ja sogar Eselskarren schmückt.

Nachdem wir uns eingeölt hatten, um im Strom der Menschen besser voranzukommen, erreichten wir schließlich das Stammhaus dieses „Mocam". Undurchdringliche Gruppen von Kundschaftern der Anglesi, aber auch gelbhäutige Angehörige der fernen Japanesen umlagerten die Hütte.

Ein geheimnisvoller Zauber schien die Horden zu verbinden: aus kleinen, schwarzen Kästchen blitzte es immerfort, ohne daß mehr als ein geringfügiges Knacken als Donner folgte. Waren die Fremden während dieses Rituals seltsam lächelnd erstarrt, entspannten sich ihre Gesichter mit dem Verlöschen des zuckenden Lichtes, und sie konnten sich wieder bewegen. Hatten wir mit diesem „Tempel des Mocam" auch die Geburtsstätte des sagenumwobenen „Kultes der Kugel" entdeckt...?

*

Das Land an den Ufern des Salzambesi, großer Häuptling, wird nämlich von einem rätselhaften „Kult der Kugel" beherrscht. Nicht nur, daß in ganz Salzbabwe überall winzige Kügelchen, wie sie bei uns nur der Skarabäus formt, mit dem Bildnis der Gottheit „Mocam" geschmückt und hinterher verschluckt werden. Die Salztuareg glauben auch, daß unsere Erde diesen Kugeln gleiche und bewahren erleuchtete Nachbildungen davon in ihren Hütten auf. Wohl aus diesem Glauben, und weil sie Salzbabwe für den Mittelpunkt der Welt halten, setzen sie vielen ihrer größten Steinhäuser Dächer in Form halber Kugeln auf.

Auch drehen sich viele Begriffe ihres einfachen Dialekts um jenen seltsamen Kult. So erhält man von fast jedem zweiten Eingeborenen von Quasi-Land auf die Frage, was Glück sei, die Antwort: „Eine ruhige Kugel schieben" – was immer dies bedeuten mag. Andrerseits umschreibt der gemeine Salztargi den Zustand der Traurigkeit im Pidgin-Bajumaorischen mit „Sich-die-Kugel-geben-möchten".

Ob auch die an sich völlig wertlosen bunten Papyrus-Lappen und Metallplättchen, deren Erjagung und Tausch den eigentlichen Lebensinhalt der meisten Salztuareg auszumachen scheint, nichts anderes als ausgewalzte oder zerschnittene Kugeln darstellen, konnten wir in der Kürze unserer Expedition nicht klären. Jedenfalls deutet die ständige Redewendung „Der Rubel muß *rollen!*" bei all ihren Tauschgeschäften darauf hin. (Die andere, besonders in der heißen Jahreszeit besessen wiederkehrende Idiomatik des Salztargi – „Ich muß Kohle machen!" – ist hingegen eindeutig klimatischen Ursprungs: Abseits des „Festes des Sommers" ist Salzbabwe eine rauhe, kalte Gegend, die viele frösteln läßt).

Einen anderen Beweis für die Wichtigkeit des Kugel-Kultes, viele Eingeborene versuchen sogar, ihre Körpergestalt durch beharrliche Nahrungsaufname und Trinken dieser Form anzupassen, lieferte uns ein Besuch bei den „Roulettzuoris". Dieser Unterstamm haust in einer geräumigen Großfamilienhütte am Tafelberg von Salzbabwe. Sein Häuptling heißt „Leo", und er achtet darauf, daß niemand ihrem „Orakel der Kugel" ohne Halstuch beiwohnt. Meist nachts, wenn der Mond als Kugel (!) Salzbabwe bleicht, lassen die Medizinmänner der Roulettzuoris Kugeln aus Elfenbein in Ebenholzschüsseln kreisen. Begleitet von kurzen, spitzen Schreien oder atemlosem Schweigen der Runde endet die Zeremonie damit, daß die Kugel eine Zahl verdeckt und einem der Anwesenden vom Medizinmann ein Häufchen von bunten Plättchen oder Täfelchen mit einer seltsamen Harke zugeschaufelt wird. Worauf der Beschenkte Plättchen und Täfelchen aufs neue rund um die Ebenholzschüssel legt oder sie gegen die bekannten Metallplättchen oder Lappen tauscht – die er anderntags in ganz Quasiland gegen alles zu tauschen vermag.

Ebensowenig erschloß sich uns der Sinn einer Abart des „Kultes der Kugel", die regelmäßig am Rande von Salzbabwe von der Horde der „Austrawezi" gepflegt wird. Es handelt sich dabei offenbar um einen beliebten Initiationsritus, durch den junge Stammeskrieger, begleitet von halbwüchsigen und älteren, oft kugelbäuchigen Salztuareg, zum Kampf gegen Abordnungen fremder Stämme angeleitet werden. Wer sich zu diesen Festen „Lehoto" – ansonsten nicht viel mehr als eine wirr mit hohen Steinhäusern verbaute Wegkreuzung – nähert, wird stets von einer ausgelassenen, violette Tücher schwingenden Menge begrüßt. Viele stimmen bereits lange vor der Zeremonie den bekannten Kampfesruf „NochN'Birr!" oder andere Schlachtgesänge an, wobei sich die Angehörigen der „Lalla" besonders hervortun.

Das eigentliche Fest findet in einem ovalen Kral aus gestampftem Lehm statt, dessen Mitte ein kurzgrasbestandenes Viereck bildet, das weiße Streifen zieren. Wir hatten kaum auf den Stufen dieses Tempels Platz genommen, als auch schon elf junge Austrawezi in violetten Kleidern die grasbestandene Arena betraten, sich verbeugten und die Menge allein dadurch bereits in einen wellenförmigen Taumel versetzten. Ebenso aufgeregt, wenngleich mit schrillen Pfiffen, wurde die Abordnung der „Admiransi" aus der Provinz Sudan-Stadt, die sich mit den Austrawezi zu messen anschickte, begrüßt.

Nachdem die eineinhalbstündige Zeremonie von einem schwarzgekleideten Oberpriester mit einem noch schrilleren Pfiff eröffnet war, konnten wir herausfinden, daß ihr Ziel anscheinend darin besteht, eine Kugel aus Tierhaut möglichst rasch in eine der beiden netzbespannten Reusen, wie wir sie für den Fang großer Fische verwenden, zappeln zu sehen. An dieser Opferung eines runden Leders können sich bis zu 22 Krieger mit ihren Körpern, Köpfen oder Beinen, nicht jedoch mit den Armen beteiligen. Dafür klatschen, ist dieses Ziel erreicht, mehr oder wenige der anwesenden Salztuareg rhythmisch mit ihren Händen und stimmen Freudengesänge an, die wie

„Zu-Gabe!" klingen. Ist dieser seltsame Kampf um ein Stück getretener Tierhaut durch einen letzten Pfiff des Medizinmannes vorbei, ahmen ihn oft junge Salztuareg im Taumel und Rausch der Gefühle noch weit abseits der Arena von Lehoto nach...

Nichts jedoch, großer Häuptling, ist mit jenem Zauber vergleichbar, den die Horden von Sängern, Trommlern und Tänzern auf Geheiß von Massa Mortier im Inneren des Krals von Salzbabwe entfachen: er scheint ganz Quasi-Land, aber auch fremde Stämme in Trance zu versetzen.

*

An den Hauptkampftagen des „Festes des Sommers", großer Häuptling, strömen Abordnungen vieler Stämme nach Salzbabwe. Vom Zulu- und vom Tschad-See, aus Fish-Taging oder vom Lake Waging, ja selbst aus dem fernen Guinea-Passau streben sie in großen Karren aus Eisenholz, die sie mit metallenen Sternen oder Nachbildungen von Raubkatzen schmücken, dem Salzambesi zu und verstopfen alle Pisten. Auch viele Salztuareg sieht man festlich verkleidet – die Männer nach Art unserer Schwarzstörche, die Frauen in den bunten Stammestrachten der Armani und Kenzos. Die Gästehütten und Kaffernhäuser sind voll. Die fliegenden Händler und Ladenbesitzer machen glänzende Geschäfte, indem sie an diesen Tagen die Preise erhöhen, und betrachtet man das rege Treiben der Horden rund um die Felsentempel, versteht man den Wappenspruch Salzbabwes: „In seinem Reich geht Sony nie unter!"

Gewöhnlich beginnen die Ahnenbeschwörungen erst mit dem Anbruch der Nacht. Einer der unerklärlichsten Kulte findet jedoch schon am späten Tag an einem steingepflasterten Ort namens „Dom-Dom-Platz" inmitten des Krals statt. Für diesen uralten Brauch werden zwei mächtige Holzgerüste errichtet: Auf einem hockt der Besucher-Stamm, das andere ist einer ausgewählten Priesterschar vorbehalten. Da wir trotz eines reichlichen „Trink-Bakschischs", ansonsten bei den Eingeborenen dieses an sich keineswegs wasserlosen Landstrichs stets gatteröffnend, keinen Platz mehr fanden, können wir nur unvollständig berichten, was dort geschieht. Die jungen Salztuareg nennen das Ritual übrigens „Ein Fest für den Hugo", was immer sie uns damit sagen wollen.

Auffallend ist, daß alle Beteiligten vom Unterstamm der Mimesi in einer uns fremden, eigenartig holprigen Sprache laut aufeinander einschreien. Auch ist die Art, wie sie sich bewegen und gestikulieren, seltsam unnatürlich. Für einen weißgewandeten Medizinmann, der anscheinend einen reichen Sklavenhalter imitiert, ist eine Art Opferaltar aufgebaut, an dem lange gesessen, getrunken und getanzt wird. In regelmäßigen Abständen beschleicht ein seltsames, von den Geiern längst benagtes Gerippe den Weißen und umarmt oder würgt ihn. Dann trösten ihn, soviel wir sehen konnten, seine Haupt- und Nebenfrauen. Aus einer Kiste springt außerdem ein Medizinmann in einer Tiermaske mit Rinderhörnern und Gnu-Schwanz und wirft mit den bekannten Silberplättchen um sich.

Irgendein tieferer Sinn dieses Kultes bleibt uns verborgen. Da aber immer wieder Schwärme wilder Tauben angstvoll flüchten und dazu stets aus allen Himmelsrichtungen markerschütternde Schreie zu hören sind, die wie „Jägermann!" klingen, nehmen wir an, daß es sich bei dieser beliebten Zeremonie um eine überkommene Beschwörung von Beute – sei es nun Vogel oder Plättchen – handeln muß.

Obgleich in diesen Tagen des Hundes in Salzbabwe viele andere Feste unter freiem Himmel und auf freiem Feld – die Eingeborenen nennen sie „Serengeti-Concertos" – zu besuchen wären, mischten wir uns, o Häuptling, in die Prozession, die allabendlich dem Großen und Kleinen Felsentempel zustrebt. Der Kult-Bezirk umfaßt zwei mächtige Arenen. Grüngewandete Askaris der „Schanti" mit weißem Kopfschmuck bewachen dieses Homeland der „Hüter der Elfenbeinstäbe", der „Königinnen der Nacht" und der „Priester des hohen C".

Schon vor den Toren der Tempel begrüßen die schwarzen, oft narbigen Krieger einander herzlich, wobei es bei den höhergestellten Wa-Bussi Brauch ist, die Nasen gegenseitig an die Wangen zu führen oder an die beringten Hände der Frauen zu legen – wohl um die kostbaren Öle einzusaugen, die man in Quasi-Land aus Blumen und allerlei Blättern gewinnt und auf die oft bemalten Gesichter reibt. Auch sind manche der Begrüßungsformeln den unseren ähnlich, wie etwa „Mister Landesmann, I presume?"

Wir aber gerieten in einen lautstarken Streit zwischen dem Oberpriester, einem gewissen Mortier aus ehem. Belgisch-Kongo und einem Häuptling der Emi's, die mit silbernen Kultscheiben Handel treiben. Während der Belgolesi die Händler aus dem Tempel zu vertreiben trachtete, pochten die wehrhaften Edelmetallschürfer vom Stamm der „Gramm O'Phon" auf uralte Sitten und drohten Massa Mortier mit einem „Benin-Kurs" – wohl einer besonders harten Strafe bei den Salztuareg.

Die Zeiten, in denen die Felsentempel einzig als „Karajanserei" dienten und die Massai ausgesperrt waren, sind wohl endgültig vorbei. Heute darf auch der einfache Hirte im schlichten Schurz, hat er der jeweiligen Gottheit wie etwa „Mocam", „Muti" oder „Ab'Bado" eine Opfergabe dargebracht, wie ein Häuptling auf einem der gepolsterten Throne im Tempelinneren Platz nehmen. Allein in den abgetrennten und erhöhten Nischen, die die Eingeborenen „Lodges" nennen, haben die Szenegalesen, Bantu-Direktoren, Watussies und Angehörige der Adabays ein gewisses Vorrecht, das sie von großen, blauen Papyrus-Lappen ableiten.

*

Die eigentliche Beschwörung der Ahnen, großer Häuptling, folgt in Salzbabwe allabendlich einem gleichen Ritual: In einer mächtigen, erhöhten Steinnische des Felsentempels, die mit prächtigen Malereien oder kostbaren Stoffen geschmückt ist, versammeln sich bunt gewandete, meist wohlbeleibte GesangespriesterInnen, während in einer Grube davor Mitglieder des Stammes der berühmten „Philhar'-Monjika" kauern, die mit allerlei Pfeifen, Flöten, Felltrommeln, Hörnern aus Metall oder Saiteninstrumenten, wie sie bei uns die Gambier streichen oder zupfen, bewaffnet sind.

Auf ein rhythmisches Klatschen der Salztuareg und ihrer Gäste erscheint ein Hüter des Elfenbeinstabes, verbeugt sich oder winkt und klopft sodann auf ein Holzgeländer vor ihm. Der Hüter des Elfenbeinstabes ist niemals eine Frau und trägt gewöhnlich ein zweiflügeliges, schwarzes Kostüm, das ihm oft eine gewisse Ähnlichkeit mit unserem Marabu verleiht. Ist unter den Besuchern des „Festes des Sommers" eine andächtige Stille ausgebrochen, erlaubt er den Gesangespriestern und den „Philhar'Monjika", in eine Art Wettstreit zu Ehren des jeweils zu feiernden Verstorbenen zu treten. (Nur selten werden Lebende auf diese Weise in Quasi-Land geehrt.)

Drohen die oben Singenden zu ermüden, eilen ihnen zuweilen große Horden lautstark zu Hilfe. Was die Ausdauer betrifft, erscheinen die „Philar'Monjika" geschickter: sie wechseln einander bei der

Bedienung ihrer Instrumente ab und schonen ihre Kräfte für seltenere gemeinsame Anstrengungen.

Läßt der Medizinmann den Stab sinken, ermuntern ihn die Eingeborenen mit Fußgetrampel oder – ähnlich wie beim „Kult der Lederkugel" der Austrawezi – mit kurzen, schrillen Rufen wie „Zu-Gabe!", was im Azzurri-Dialekt „Da'capo!" bedeutet, zu neuerlichem Einsatz. Auf diese Weise sind alle Beteiligten am Ende schweißüberströmt, und die Zeremonien dauern oft bis weit in die Nacht, sodaß die Feuer in den Gästehütten ringsum, an denen man sich wärmen oder laben könnte, längst erloschen sind.

Es ist beeindruckend, mit welcher Begeisterung sich sowohl die Zuhörer als auch die Ton-Künstler dieser oft stundenlangen Abfolge spitzer oder dunkler Gesänge, ja sogar Tänzen des Ahnenkultes aussetzen. Oft werden die Beschwörungen auch in fremden Dialekten vorgetragen – oder die mündlichen Formeln gehen im Getöse der Hörner oder in Trommelwirbeln unter.

Auch scheint es der Natur der Salztuareg zu entsprechen, daß bei vielen ihrer Zeremonien die Qual oder das Sterben der Helden oder Häuptlingsfrauen eine zentrale Rolle spielt. (Dies wird unter lebendigster Anteilnahme der Anwesenden oft so täuschend echt nachgeahmt, daß wir mehrmals nahe daran waren, einem von Mord und Totschlag bedrohten Mimesi zu Hilfe zu eilen. Doch noch ehe wir unsere Messer gezückt hatten und zu ihm vorgedrungen waren, stand er wieder und verbeugte sich lächelnd an der Kante der Nische.)

Ist die Menge des Rituals im allgemeinen ernst und still, wobei das hyänenartige Husten einzelner bei den Salztuareg als Zeichen mitfühlender Erregung gilt, so ist das Palaver in den Unterbrechungen des Kultes umso lebhafter. Ruht die Musik, schlürfen die Eingeborenen im Untergeschoß des Felsentempels ein perlendes Zuckerrohrwasser, das in kleinen, durchsichtigen Kelchen gereicht wird. Auch darf der Fremde, hat er die schlichte Frage „Rot oder Weiß?" richtig beantwortet, einen großen Papyruslappen gegen einen winzigen Schluck einer süßsäuerlichen, berauschenden Flüssigkeit eintauschen, die angeblich in der Provinz Kralsland aus vergorenen Trauben gewonnen wird. Dazu ißt man winzige Fladen, belegt mit getrocknetem Lendenfleisch der hier üblichen Pharma-Schweine, Vogeleierhälften oder schwarzen Fischeiern. Es ist im übrigen in Quasiland Sitte, erst dann zu trinken, wenn die Trinkgeschirre hochgehalten und vor allem den Frauen zugenickt wurde. Da dazu stets „Prost!" gerufen wird, nehmen wir an, daß die Leute vom Salzambesi alles Trinkbare mit diesem Wort bezeichnen.

Gewiß nicht nur, aber vielleicht auch deshalb ist Salzbabwe in den Tagen des Hundes noch in tiefer Nacht von großen Horden festestrunkener, singender und tanzender Eingeborener und fremder Stämme bevölkert. So leben wohl der gemeine Salztuareg, der Kundschafter der Japansen oder der Danubier unter den mondbeschienenen Halbkugeln dieses schönen Krals aus und nach, was die Ahnenbeschwörung in den Felsentempeln in ihnen aufgewühlt hat.

Es gäbe, großer Häuptling, noch viel aus Salzbabwe zu berichten. Doch nachdem wir Kunde erhielten, daß tief in Schwarz-Bayrundi, irgendwo „bei Reuth", die Anhänger einer Gottheit namens „Wag'Na" bei ihren Ritualen in noch tiefere Trance geraten, brechen wir rasch von hier auf…

Incognito, ergo sum

Von offenbar gegenteilig gearteten Organen werden die Salzburger Nachrichten des öfteren pejorativ als „Seriösblatt" oder „Qualitätszeitung" bezeichnet. Daß diese Einschätzung stimmt, beweist die folgende Rundschau durch Gästebucheintragungen des heurigen Festspielsommers. Unbemerkt von sämtlichen Adabeis und Plapagenas („Promis, Peanups, Sensationen") veröffentlichen wir einzig Zeugnisse wahrhaft illustrer Geistesgrößen, die Salzburg bereisten …

So schrieb etwa Stammgast **Rainer M. Rilke,** Inhaber der Software-Firma „Rythm & Words" (Duino) und intimer Kenner der örtlichen Immobilienpreise („Wer jetzt kein Haus hat, baut sich keines mehr"), ins Gästebuch der praktisch unbekannten – und deshalb kaum belegten – Nobelherberge „Baur au Lack" (Lieferunger Feinspitz) unter dem Titel

DER KORRESPONDENT:

Sein Blick ist im Vorübergehn von Stücken
so müd geworden, daß er nichts behält.
Ihm ist, als ob ihn tausend Stücke drücken
und hinter tausend Sträußen keine Welt.

Der zweite Gang, vermeintlich Seelachs-Schnitte,
der Kunst auf die gemeinste Weise schmäht,
ist wie ein Pflanz mit Saft um eine Mitte,
in der betäubend grün Veltliner steht.

Nur manchmal regt der Vormann der Postille
sich lauthals auf. – Dann fällt ein Bild ihm ein,
durchweht gequält der Ganglien Promille –
und höhnt vor Schmerzen Peter Stein.

Gänzlich anders – jedoch H. Heine, Heine-Taschenbücher („Denk ich an Salzburg in der Nacht, bin ich um den Suff gebracht!") ähnlich – verewigte sich Dreigroschen-Operndirektor **Bert Brecht** (Brecht's Erben AG, Berlin), wie immer beim „Schlußwirt" abgestiegen:

TOTE HOSE FÜR JENNY

Und der „Haifisch" sperrt um Zehne
Und die „Gans" macht elf Uhr dicht
Und der Gast da, der hat Visa
Doch das Visum nützt ihm nicht.

An der Salzach grünem Wasser
Ist um eins ein schwarzes Loch!
Es ist weder Pest noch Cholera
Man klappt bloß den Gehsteig hoch.

An 'nem schönen blauen Montag
Bleibt die wärmste Küche kalt
Und ein Mensch irrt um die Ecke
Die sich Weltstadt Salzburg nennt.

Jenny Towler wollt noch trinken
Doch die City ward zur Gruft
Rund um Mozart wacht sein Pächter
Der nur „zahln!" und „Sperrstund!" ruft.

Und Schmul Meier bleibt verschwunden
Selbst der Mann aus der Provinz
Und ihr Geld hat Mackie Messer
Der ein Bistro führt in Linz!

Quasi zahllos sind, wie uns die hingeklatschten („Gesellschafts"-)Spalten aller großen Blätter beweisen, jene gewöhnlichen „Promis", die sommers Salzburg bevölkern: dagegen ist Pörtschach Mörbisch! In unserer Serie aber konzentrieren wir uns zu Saisonschluß auf die Zeugnisse der hochkarätigsten, literarisch begabten Festspielbeobachter in diversen Gästebüchern…

So fanden wir etwa im Nobelrestaurant „Ente von Lehen" folgende launige Impression von **Signore Rainer („Maria") Rilke** (Duino):

DAS KARUSSELL

Ums Festspieldach und seinen Schatten dreht
sich eine kleine Weile der Bestand
von dunklen Wagen, alle aus dem Land,
das lange zögert, eh es untergeht.
Zwar manche in den Wagen sind gespannt
auf Solti, Muti und Theatermimen;
doch ziehn auch Löwen des Salons mit ihnen
und dann und wann ein weißer Elefant.

Sogar ein Hirsch ist da, mitsamt Büfett,
nur daß er Lederhosen trägt. Er grüßt adrett
ein schwerbetuchtes Mädchen: Eliette.
Und mit dem Löwen dreht sich braun ein Junge
und gibt als Banker einen heißen Tip,
dieweil der Löwe Zähne zeigt und Zunge.
Und dann und wann ein schwarzer VIP.

Auf stärksten Pferden kommen sie vorüber,
auch Greise, weiße, diesem Pferdesprunge
fast schon entwachsen; doch mit Fliegenschwunge
prosten sie zu, irgendwohin, hinüber –
Und dann und wann ein roter VIP...

Manch kleines, kaum belesenes Profil.
Und immer doch ein Lächeln, oft gewendet,
ein nehmendes, das blendet und verschwendet
an dieses münzenreiche Spiel...

Naturgemäß moderner notiert **Dr. Ernst Jandl** („Laut & Luise", Dichtungen, Wien) im Gästebuch des Würstlstandes („Sony-Tony") an der Staatsbrücke:

Orchestergrabn:
rattatatam! rattatatam!
sitze knirscheln am heldnplatz
wo am stock geht der dirigent
hungrige wespen die fans
mit augen wie nasse CD's
wenn sie symphonisch wer nockerlt!

Mag. Georg Trakl (Pharma, Joint-Ventures) – heuer zum letzten Mal im „Goldenen Schuß" abgestiegen –, vertraute unter „De nortier nihil nisi bene" dem Gästebuch sein Resümee („1. unkorr. Fassung") an:

WAHNSINN

Herbst. Einsam Gerard. Keine Trompeten.
Sänger: Fremdlinge, die nicht verweilen.
Die goldnen Mädchen verstreut um die Erde.
Wirte, vom Sommer noch trunken, keilen
aus letzten Wanderern ohne Schenk' schüttere Herde.
Fahnen von Scharlachberg. Lachen. Moneten.
Da ruht des Landesmanns stille Gebärde.

Blau stirbt die letzte Hellbrunner Eiche,
die eben noch rot eine Sonne erwärmte.
Wo Faune wirr lachten, bei einer Stadlerin,
zählt ein Wiesmüller stumm die Krumen der Ernte.
Kein Held stürzt ins Schwert. Hungrige Adlerin.
Kein Tod ruft zurück die enthüllte Bleiche –
Die Riesen vom Berge flohen das Paradies.

O Wolfgang! Steinern grinst da der Fex.
In dunklen Truhen klirrt Wintersonne: Zaster.
Eingeborne greinen in leeren Lauben,
es fröstelt am Brunnen die erste Aster.
Wild flüchtet weich unter drei Hauben,
wo ein Hirte träumt vom Gebell seines Rex ...
Fahnen von Sellars. Lohner. Wahnsinn die Tauben!

Die Anziehungskraft der Erde läßt nach

Kernfragen

Der Mensch ist gut! Darauf bestehen heute nur noch Kannibalen. Zwar stimmen wir genetisch nur zu 99% mit den Schimpansen überein: für manche liegt das unlösbare Problem aber in dem einen Prozent. Im kollektiven Verhalten sind wir sechs Milliarden Killer-Affen latente Idioten: entweder als Täter – oder weil wir Opfer zulassen. Strahlendes Beispiel für mindestens 24.000 Jahre: Tschernobyl.

Und das wegen ein paar lächerlicher Gigawatt Strom! Ich erinnere mich bestens an die Drohung der „Fachleute", ohne Zwentendorf gingen bei uns die Lichter und sämtliche Arbeitsplätze aus. Heute lassen wir die AKW-Ruine von Christo verhüllen.

Manche Energie-Politiker müssen Marder im Hirn haben: wie sonst könnten sie solche Kurzschlüsse produzieren?

Heute gibt es große Konferenzen über die „Lehren aus Tschernobyl". Nebbich. Kein einziges Krafwerk vom Tschernobyl-Typ wurde bisher stillgelegt. Tickende Bomben vor der Haustür. Die alten Konzerne ernten, politisch gestützt, aufs neue Riesenprofite bei der Adaption des Schrotts im Osten. Seriöse Atomwissenschafter warnen, „vor einem neuen Tschernobyl bewahrt nur Gottes Gnade". Der liebe Gott ist aber zu beschäftigt: mit Temelin und Mochovce.

Tschernobyl gilt als „Unfall". Wir reden aber nicht von ein paar Maronenröhrlingen mit etwas zu viel Becquerel.

In Wahrheit handelt es sich um einen fundamentalen Denkfehler. Der Mensch war viel zu lange Jäger und Sammler, als daß er zum „Automatenhirten" taugte. Das ist keine Frage der Technologie, wie uns die Techniker weismachen wollen – sondern eine der Philosophie. Keine Maus der Welt würde je selber eine Mausefalle konstruieren. Bei der „Krone der Schöpfung" reicht es zu dieser Einsicht nicht.

Allerdings verleiht, sagte Ödön von Horvath, „nichts so sehr das Gefühl der Unendlichkeit als wie die Dummheit". So leben wir mit allen Tschernobyls: gescheit, gescheiter, gescheitert.

Ob der Affe, der heute die Welt beherrscht, sich je zum „homo sapiens" zurückentwickelt?

Salzburg oder Simmering-Kapfenberg?

Die Alpenstraße – als Beispiel, zum Beispiel… Wer von Süden her die Reiz-Schwelle zu „einer der drei schönsten Städte der Welt" (Alexander Humboldt) überschreitet, müßte sich ohne Ortsschild fragen: Simmering-Kapfenberg? In Salzburg-Süd ist die „Unwirtlichkeit der Städte" Programm geworden, schlägt die „Eh-schon-Wurscht"-Gesinnung brutal zu. Die Nachbarschaft der human anmutenden Lustbauten der Fürsterzbischöfe in Hellbrunn macht es augenfällig: Der (gottlob überholte) Feudalismus war gegen den real existierenden Kapitalismus ein Lercherl.

Die in grüner Vorzeit auwaldgesäumte Landstraße ist heute an Handelsketten gelegt. Dafür sperrte der Fleischer am Eck zu, und mein Greißler in der Seitengasse hat wenig Zukunft. Autofirmen schufen (für sich) genügend Parkplätze. Einrichtungs-häuser möblieren das Entree der Kulturstadt mit Glasbetonkästen aus der Nierentischzeit. Drive-in-Stationen von Tierkörper-Verwertungskonzernen offerieren fast Food. Versicherungen und Banken demonstrieren stolz, in wieviel Kubikmetern sie unsere Gelder – mindestens für 50 Jahre – anlegen. (Hätte ich soviel Geld wie sie, würde ich es in ein Abbruchunternehmen investieren und mir damit absehbar eine goldene Abrißbirne verdienen). Selbst die Stadt steuerte sportlich eine „städtebauliche Subdominante" zu diesen Wellblech-Slums bei: You enter Stahlbeton-Valley!

Die großspurige Einfallstraße hat der Einfallslosigkeit Tür und Tor geöffnet. Betonburgherren trösten mit der Ankündigung, nach Schleifung der letzten Vorstadtvillen (auch) einen „Marktplatz" zu schaffen.

Was soll denn an dieser „Strada del smog" verkauft werden? Forelle Blei? Noch mehr Gebrauchtwagen? Die Stadtplanung, angeblich gibt es so was, weist gewiß darauf hin, kein Neugebäude sei höher als vier Stockwerke – als könnte man die Häßlichkeit nicht auch in die Breite treiben! Mitbürger, die offenbar weit entfernt wohnen, belächeln die Gestaltungsbeiräte und verändern derweil cool die Umwelt: mit ihrer Baufirma. Letzte Grasnarben wechseln zur Zeit gegen horrende, sozial schädliche Summen die Besitzer: Büros! Büros! Klotzen für die EU!

Die seelisch und geistig Impotenten behaupten, „wir" (wer?) müßten „wachsen": um jeden Preis. Heiligen die Finanzmittel jeden Zweckbau? Der Raubbau jegliche Maßlosigkeit? Weiter östlich hieß einmal eine – rassistische – Parole: Wien darf nicht Chicago werden! Und was ist mit Salzburg-Süd, -Nord, -West? (I beg your pardon, City of the Blues!).

Wer die Alpenstraße zu Fuß schaffen möchte, muß gut versichert sein. Tempo 50? Da grinsen die Manta-Mobilisten vor und nach dem – ohnehin kaum aktiven – Radarkasten. (Ich weiß, was soll der Anifer, Rifer, Halleiner in Ermangelung eines vernünftigen öffentlichen Verkehrsnetzes anderes machen, als einsam Schnauze an Schnauze zur Arbeit zu qualmen.) „Zone 30" nebenan ist überflüssig, weil der Stau in den beidseitig verparkten Nebenstraßen ohnehin zum Schritt-Tempo zwingt.

Und weshalb noch von Wiederbegrünung, von einem Baumgürtel im Asphaltdschungel faseln? Das Geld für die paar Stickoxid-Mutanten, für Krüppelahorn ist in Dauerkränzen für die bronchialen Opfer der brachialen Baulandnahme besser angelegt...

Wer täglich diese buchstäblich zur Strecke gebrachte Vorstadt durchfährt, dem fällt der progressive Wahnsinn vielleicht nicht mehr auf. Möglich sogar, er hält die Imbergstraße – vergleichsweise – für einen geschützten Landschaftsteil.

Ich aber korrigiere meinen Sohn nicht mehr, wenn er – noch spaßeshalber – sagt: „Baulöwen in den Zoo!" Wenn er mittlere Reife erreicht haben wird, wird Salzburg-Süd (-West, -Nord) baulich die volle EU-Reife erreicht haben. Dann wird Salzburg – von Hallein bis Oberndorf – endlich (pardon) Duisburg: ein Ruhr-Gebiet für sozial und ästhetisch schwache Mägen.

Gen-Ialität

Alle reden von Kultur. Ich auch. Bei den Kultur-Pflanzen geht's rund! Da wächst zusammen, was natürlich gar nicht zusammen gehört. Noch zieht „Hoechst" seinen Gen-Mais aus heimischem Boden zurück. Und klammheimlich gesäte Gen-Tech-Erdäpfel mußten unsere Erde wieder verlassen.

Aber anderswo mutierte „Sieglinde" längst zu „Hugo" (Copyrights reserved). Die Konzerne können leicht warten: über den Umweg der EU kommen sie locker an unseren Tisch. Schon bald wird Gen-Soja aus den USA die Österreicher und ihre Nutztiere in Öl, Nudeln oder Schrotfutter erfreuen. Via Tofu kriegt selbst der Alternative sein Tech-Happerl. Unumkehrbare Langzeitwirkung kümmert die freigiebige EU-Kommission nicht die Bohne. Sie verzichtet sogar auf jedes Pickerl – und wiegelt Bedenken gegen denkbare Gesundheitsfolgen ab. Was das wert ist, wissen wir seit dem britischen Züchterwahnsinn.

Ich lass' mir gern einreden, daß die Produktion von Insulin überlebensnotwendig ist. Oder sich irgendein Van Gogh über eine Maus freut, die ihm ein drittes Ohr wachsen läßt. Gut möglich, daß künftige Generationen Fliegen mit 14 Augen als Modelle brauchen, um sich in den TV-Kanälen zurechtzufinden.

Herrscht aber Not an Lungauer Erdäpfeln? Brauchen wir die Kreuzung von Paradeisern mit Brummis – damit sie sich selber zustellen, um dann als Matschfreie doch als Ketchup zu enden? Macht keinen skeptisch, daß plötzlich selbstlose Gift-Fabrikanten ihren Umsatz durch giftresistente Gen-Kulturen senken wollen?

Doch: Umfragen belegen, daß 80% kein manipuliertes Essen wollen. Die „Grünen" haben im Landtag den Antrag auf ein „Gen-Technik-freies Salzburg" deponiert. Und der LH* findet für die Risiken das brauchbare Bild eines möglichen ökologischen Tschernobyl.

Ich bin für freien Handel: noch mehr aber für freies Handeln. Nicht alles, was machbar ist, muß auch gemacht werden. Gerade deshalb ist hier Widerstand Pflicht: und machbar, großer Nachbar!

Freiheit für Lawinen?!

Jede Partei behauptet, bei ihr stünde der Mensch im Mittelpunkt. Also im Weg? Nicht zuletzt durch die Entscheidungseunuchen, die bei uns Verkehrs-„Politik" betreiben, sind massive soziale

---

* LH: Abk. f. „Landes-Hauptmann"

Konflikte programmiert. Dem Recht auf freie Fahrt steht das Recht auf freien Atem mündiger Bürger, auf gefahrfreies Gehen, auf lärmfreien Schlaf entgegen. Ungehemmtes Wachstum ist Krebs.

Einer der Wege, die ich – in Ermangelung eines brauchbaren Busses – fast täglich mit dem Auto zurücklegen muß, umfaßt die Tempobereiche 30–50–70–100–70–50–30. Was ich auf diesen Fahrten zur Rush-hour an Fahrlässigkeit, Dummheit und Gewaltbereitschaft erlebe, wenn ich mich an die gesetzlichen Limits halte, geht auf keine Kühlerhaube. Es ist tägliche Illustration der These der Gehirnforschung, daß der Mensch mit seiner Intelligenzentwicklung mental nicht Schritt halten konnte und der Neocortex die Gefühle nur oberflächlich überlappt. Zu viele sind in technischen Wunderwerken bloß „tierisch" drauf.

Der Verkehr ist ein Wahnsinn. Aber auch durch die Teilnahme mancher „Wahnsinniger". Ansonsten leidlich normale Menschen verwandeln sich offenbar mit dem Zuschlagen der Fahrertür in Zombies. Täglich bedrängen mich, selbst wenn ich zulässige Höchstgeschwindigkeit fahre, fuchsschwanzwedelnde Bleifußmarode. Lässig bei 130 telefonierende Hintangestellte lassen ihre Lichtbatterien *stalinesk* orgeln. Das „Wegblenden" hat etwas von der Laser-Brutalität der Video-Games. Genervt pendelnde Mütter (mit gurtfreien Kindern im Fond) hupen mir wütend zu: Mein Mann rührt morgens keinen Finger, sodaß ich hetzen muß. Volantkrampfige Drängler, stigmatisiert durch sinnige Wunschkennzeichen, die alle mit einer „Eins" enden, röhren dem Amtsarzt: Wie macht man „Tempo 50" auch für Blinde wie mich lesbar? Vierzigtonner donnern dieselsüchtig mit 80 durchs Ortsgebiet, als hätten sie 0-Bremsweg. Lassen Sie mich durch, ich bin ein (eigene Marke einsetzen!), blinken spoilerbewehrte Landstraßenritter. Und gerne schert auch irgendein „Morbus Kawasaki", wie der zu jedem Risiko bereite Zweiradfreak in Facharztkreisen heißt, aus dem morgendlichen Rallyepulk aus.

Welch hohe Intelligenz hinterm Steuer waltet, eröffnet sich auch, wenn ich den kurz eingebremsten und dann rechts überholenden, wild gestreckten Mittelfinger an der nächsten Ampel wieder neben mir sehe. Solche Asphalt-Cowboys brauchen keine Fahrlizenz, sondern einen Waffenschein. Die nächste Generation lernt bereits: an ihnen und bei ihren eigenen rasenden Vätern und Müttern.

Tempo 30 vor einer Schule wird nicht einmal von allen chauffierenden Eltern eingehalten. (Hohe) Schwellen kommen natürlich nicht in Frage: Lieber jährlich ein paar tote Kinder als die kostbaren Achsen (der Unbelehrbaren) kaputt! Die gutgemeinten Plakataufrufe „Vorsicht, Kinder!" klingen wie eine Drohung: gegen Kinder. Junge Menschen stören die Mobilität der angeblich Erwachsenen. (Alte ebenso.)

Wer derart nötigt, hat es psychisch nötig. Offensichtlich toben viele Gestörte, seelisch klein Geratene in für sie zu großen Autos durch die Landschaft. Die Begrenzungen ihres geleasten „Über-Ich" heißen nicht zufällig „Stoß-Stangen": Entschädigt der *Vergaser* den *Versager?* Wenn Geschwindigkeits- und PS-Wahn tatsächlich etwas mit Potenzmangel zu tun haben, muß Impotenz bei uns eine Volkskrankheit sein. Aber mit dem Sechszylinder öffentlich die privaten Verkehrsprobleme mindern?

Solange das „Ich" dieser Bedauernswerten nicht anders als über das aufgerüstete Automobil gestärkt wird, wird sich an der latenten Aggressionsbereitschaft wenig ändern. Da hilft kein rationales Argument mehr, etwa, daß die höchste Straßendurchlässigkeit (Staufreiheit) in der Stadt bei 38 km/h gegeben ist.

Helfen vielleicht noch sozialpädagogische Strafen? Samstagnachtdienste im Notarztwagen auf Disco-Heimwegen? Montagdienste in der Neurologie, in der Intensivstation? Für rasende Brummifahrer wöchentlich eine Stadtdurchquerung im Kinderrollstuhl? Drei Monate Zebrastreifengänge vorm Altersheim unbedingt?

Es ist ein schwacher Trost, daß alle lebensgefährdenden Typen in Verkehrsausschüssen und auf Straßen einmal selber sterben. Viele sterben erst lange nach den Menschen- und Naturopfern, die sie verursachen oder zulassen. In diesem Sinn: Einen fröhlichen Kaltstart!

Auf der Landkarte eines europäischen Verkehrsplaners ist unser Land sehr klein: sein Daumen läßt es locker verschwinden. Aber für ein Salzburger Kind ist es die ganze Welt.

Tour de France

Kaum bleibt die „Brent spar" unversenkt, rammt die einschlägig glorreiche, gallische Marine die „Rainbow Warrior II" – mit Sinn für historische Daten: der Geheimdienst feiert das runde Jubiläum der Sprengung der „Rainbow Warrior I" (inkl. Mord). Und vor genau 50 Jahren bombte man erstmals in Los Alamos…

Ich habe „Frankreich", was immer das im Detail bedeutet, stets bewundert: Revolution, Brie, Degas, Saint Germain, Saint Laurent, Resistance, Bocuse, Beauvoir – was hat uns die Grand Nation nicht alles beschert! (Und ein Voltaire wiegt Le Pen locker am Mittelfinger auf). Das sag ich heute, am 14. Juli, gerne.

Aber jetzt: Jacques Chirac. Der Mann hat Format: er ist noch unbeirrbarer als weiland Kim il Sung! Der erklärt die Atomversuche lange nach dem Kalten Krieg kaltlächelnd für militärisch notwendig. (Aber er mahnt ja auch glatt Verständnis für das bißl Kurdenschlachten weit hinten in der Türkei an). Das, was seine Goldfasane auf dem fernen Atoll planen, birgt angeblich auch „keinerlei Gefahr" für Mensch und Tier dort. Also bloß eine kleine „Abhärtung" für die paar Polynesier, Kolonialherr?

Wenn denn kein internationaler Widerspruch erlaubt sei, weil es sich bei der Verseuchung dieser einen Welt durch ein paar Rüstungsidioten laut Arrokanzler Juppé um eine „rein nationale Angelegenheit" handle, frage ich mich: Weshalb keine Probesprengung daheim im Schrebergarten des Elysée-Palastes? Was regen wir uns noch über Temelin auf, dessen Evakuierungspläne ja auch nur bis zur Grenze reichen! Chirac, Juppé und all die anderen großen, testfreudigen EUropäer sind Fälle fürs Schengener Abkommen: keine Ausreise für das organisierte Verbrechen aus dem Obelixland. Diese Hände, die wir bei Staatsbesuchen schütteln sollen, haben Schmauchspuren.

Ein Boykott hilft nichts? „Spar" Dänemark nahm schon 250 F-Produkte aus seinen Regalen. Der Bayerische „Gastronomie-Report" ruft Köche und Wirte zum Verzicht auf Zutaten aus Mariannes Küche auf. Muß man „Elf" tanken?

Vive la France – das andere! Ich habe aus Protest schon sämtliche Burgunder in meinem Keller vernichtet und beschränke mich auf Burgenländer oder Brunellos. Das wird die Bombenhersteller nicht aufhalten. Aber es entlastet wenigstens psychisch.

Promille Grazie!

So paradox es klingt: Der „Wahlstarrkrampf" der Koalition führt doch zu gesetzgeberischen Verabschiedungen. Beispielsweise mußte sich eben der Verkehrsminister von seiner Idee einer Promille-Senkung verabschieden. Sie hätte die Verträglichkeitsgrenze des Gesamtpaketes bei der ÖVP überschritten. Die schwarzen „Alkalden" im Ministerrat, offenbar „gläserne Abgeordnete", kippten die 0,5 locker und zogen sie mittels „Maß-Gabe-Beschluß" (das heißt wirklich so!) vorläufig aus dem Verkehr.

Obschon also auch hier Flaschen eine Rolle gespielt haben müssen, kann im Gegensatz etwa zum „Tiertransportgesetz" bei der StVO-Novelle keineswegs von einer „Verwässerung" gesprochen werden. (Auf daß keine Mißverständnisse aufkommen: Ich bin mit alten Riojas in meinem Keller gut befreundet, detto mit jungen Drogenbauern in der Wachau, in Wolkersdorf oder der Südsteiermark und deale regelmäßig mit Händlern in Salzburg und Innsbruck.) Aber die 0,8/15-Botschaft an das Volk der Trinker und Lenker ist glasklar: Reiseachterl gesichert – Weitersaufen, Leute! Vergeßt die Alkheimer'sche Krankheit: Don't think, drive! Selbst wenn euch weiße Mäuse streifen, ist „grinzing" angesagt: Heben ist seliger denn (Führerschein) nehmen!

Rum und Ehre gebühren in diesem Zusammenhang vor allem dem VP-Verkehrsexperten Helmut Kuckacka, der im ganzen Hick(!)-Hack zum Sprecher der Anonymen Denker der Aktion „Trunkenheit am Steuer" mutierte. Dieser Mike Hammer der Verkehrspolitik – immerhin stand er beim Selbstversuch des Ausschusses nach zwei Krügerln und drei Vierteln tolle 0,74 Promille! – verteidigte den „Status in olio" mit der Sturheit eines Mostschädels gegen alle Experten.

Offenbar im Besitze des Weinsteins der Weisheit und der Liquidität jedweder Wirtschaft verpflichtet, stoppelte er sich vor allen Mikrofonen folgendes Argument zusammen: Da die Kontrollen ohnehin lax seien und das halbe „Promille" der erwischten Abgefüllten zwischen 1,5 und 2,5 hätten, könne man dem Minister was blasen. Dieser Schnapsidee prosteten sämtliche Kampftrinker seiner Fraktion in Null komma Josef zu – und spritzten jede Prüfung ihrer Denktüchtigkeit. Nüchtern betrachtet, ist das ein Anschlag auf die Sicherheit auf unseren Straßen.

Nun ist ja die zeitweilige Abstinenz vom Hausverstand selbst im Kabinett keine Überraschung, und selbstverständlich gilt auch im Hohen Haus das Prinzip des „Doppler-Effekts" (die Schrillheit des Arguments nimmt mit der Nähe zu). Aber der Ministerrat als Trinkerheil-Anstalt? Das Parlament eine Art Verkalksburg? Nach dieser Einführung des „Öchsle" als legislativer Maß-Einheit ist wohl der „Besoffene Kapazunder" endgültig die beliebteste Nachspeise an der Milchbar des Nationalrates, wo sich die „Promis" (nomen est omen) treffen.

Nach dieser flachmännischen Logik müßte die Promill-Grenze nachgerade erhöht werden! Anders bebildert: Solange Handtaschl-Zieherei unter einem Blauen nicht definitiv abgestellt ist, dürfte es auch kein Gesetz gegen Bankraub geben. Andere Zweige der Rauschindustrie wie Hanfbauern oder Kokshändler sollten sich das Lobbying bei Weinbauern, Bierbrauern, Wirten oder Verleihern (führerscheinfreier) Elektro-Autos abschauen: Bis zu acht Gramm im Handschuhfach müßten ebenfalls straffrei drinnen sein ...

Die hochprozentige Geistigkeit mancher Abgeordneter haut einen immer wieder vom Hocker. Die Wahrheit der Halben ist nicht einmal die halbe Wahrheit, und für den Volanteur gilt nach wie vor: In Vino Vanitas. Der Vater des Gedankens, zunehmende Angesoffenheit gleichbleibend zu tolerieren, muaß a Reblaus g'wesen sein. Steter Tropfen höhlt das (Stirn-)Bein: der normative Saft des Faktischen siegt!

In diesem bacchantischen Klima hinterließ einzig der gleichnamige Verkehrsminister eine gewisse herbe Restsäure im Abgang: „Die Senkung wird kommen, wenn auch leider einige Tote später!"

Im Seichten kann man nicht ertrinken

Auch wenn manche Printorgane das Auftauchen irgendeiner Vera im TV schon für „Programmphilosophie" halten: wesentlich sind immer noch die Programminhalte. Unter dem Druck der Hauptfrage „Wie behaupte ich die Marktführerschaft gegen die kommenden Privatanbieter?" hat das Warten auf den „ORF neu" seinen Reiz: Kommt das gnadenlose Überbieten der Trivialität aus dem Kabel? Heißt Leadership die Überführung von RTLementen in die ORF-Kanäle? Soll „Trash Radio" den Satelliten-Garbage übertrumpfen? Noch mehr mediales Whiskas, serielles Dosenfutter? Mimikry bis zur Unendlichkeit?

Aus der Beobachtung, daß Massenerfolg am leichtesten nach der Faustformel „Je trivialer, desto Konsens" funktioniert, schlußfolgern „Macher" gerne, der Wertmaßstab eines Programms sei die Einschaltquote. Eine Meinung wird aber nicht dadurch wahr, daß sie von vielen geteilt wird. Abgesehen davon, daß uns die Wirtschaft predigt und beweist, daß auf Dauer nur intelligente Produkte europareif und erfolgreich sind: Kann man „täglich alles" überhaupt unterbieten? Oder schließt nicht gerade der zwanghafte Drang, Bestehendes imitieren zu wollen, die erstrebte „Unverwechselbarkeit" geradezu aus?

Selbstverständlich lappen solche Fragen voll ins Geschmackliche – und ich gebe gern zu, daß ich meinen Geschmack nicht aus der Schüssel am Dach bilde. Aber es wird doch jenseits des „rankings by rating" auch die Frage erlaubt sein, ob dem vielzitierten „Kulturauftrag" von Radio und TV ein erkennbarer Begriff von Kultur zugrundeliegt. Oder soll auch im öffentlich-rechtlichen Infotainment – analog zum politischen – der pure Populismus die Wellenhoheit über Eßtisch und Nachtkastl erlangen?

Allen Einfaltquoten zum Trotz bestehe ich auf dem substantiellen, qualitativen Unterschied zwischen Lagerfeld und Lagerhaus, Forcher und Moik, News und solchen mit Profil. An der Tatsache, daß zwischen Olli Baier und „Universum" Welten klaffen, kann auch die intendantliche „Demut vor dem Geschmack des Gebührenzählers" nichts rütteln. „Land der Berge" erweitert den Horizont, „Der Bergdoktor" verschüttet ihn. Jenseits meiner subjektiven Gehässigkeit, zu Linda de Mol phonetisch stets „Darmol" – also etwas, was einen abends rennen läßt – zu assoziieren, schafft es eine objektive Differenz, ob ich im Wort „Unterhaltung" die Betonung auf „Unter" oder auf „Haltung" lege.

Insofern bin ich nicht darauf neugierig, vom neuen ORF mittels neuer Talkshow über den „wahren Grund, warum Maria Rauch-Kallat Graf Mensdorff-Pouilly geheiratet hat", aufgeklärt zu werden. Oder in einer Rätselshow hauptabendlich mitansehen zu müssen, wie der Gewinner der Preisfrage „Was schenkte Phettberg seinem Reitlehrer?" einen garantiert ungewaschenen Slip desselben einstreift. Mit solcher „Programmphilosophie" blockieren schon 15 andere Sender meinen TV-Speicher.

Neugierig bin ich vielmehr, wie die angetretenen „Programmverantwortlichen", also jene, die unsere staatsmediale Visitenkarte zu verantworten haben, den Spagat zwischen intelligenter Quote und gaudimaximaler Zote schaffen. Wird die Leiste „TV total verrückt" zur Latte?

Im Seichten kann man nicht ertrinken. Aber man kann dort auch das Schwimmen nicht lernen; geschweige denn, sich freizuschwimmen aus der Flut des kommerziellen Ramsches, in der alles absäuft.

Wie eine Träne im Ozon

„Wo aber Gefahr ist, wächst das Rettende auch." Nicht unschön gesagt, Fritz Hölderlin – aber ganz schön geirrt! Nehmen wir nur die Naturliebe in Zeiten des Kollapses: Überall Nachrufe auf die „Grünen". Die Rezession frißt ihre Enkel. Großkonzernen werden Sanierungsauflagen gestundet. Wie Untote kommen Uraltprojekte auf Planertische zurück. Neue Milliarden braucht der Straßenbau – und kriegt sie, da fährt der Brummi drüber. In den Innenstädten kämpft die Kaufmannschaft für Freiverkehr statt „verkehrsfrei". Überall Umwälz-Schutz! In den Wäldern (entlang der Stromautobahnen) lacht sich der Borkenkäfer ins Vorderbeinchen…

Schön und gut, wenn die Industrie überlebt, die Wirtschaft floriert und Arbeitsplätze sicherer werden: aber ein paar langfristig überlebenslustige Käufer, ein bißchen Flora und Restfauna könnten trotzdem vielleicht noch gebraucht werden. Auch etwas Hausverstand müßte dem bilanzgeballten Sachverstand nicht schaden. Steht die Uhr 5 vor 12, entscheidet sich die entscheidende Politik traditionell höchstens für die Einführung der Sommerzeit, für das kompromißlose Kompromismanagement. Die lobby-gelöcherte Staatsgewalt hofft entschieden auf den Alzheimer der letzten „lieben Wählerinnen und Wähler".

Hören die Völker irgendwelche Signale? Lieber Grüner Veltliner statt Greenpeace! Zu viele Umwelt-Infos schaden der Innenwelt: auch ich habe schon soviel Schlimmes über den Weltzustand gelesen, daß ich mir das Lesen von „Natur" abgewöhnt habe.

Umweltbewußte am Rande des Nervenzusammenbruchs: für unsere Spenden für den Regenwald hätten wir jeder heute schon eine Vollwert-Mahagoniküche. Wieviel Mist getrennt, wie viele Ziegelsteine ins Spülbecken versenkt, auf daß nicht zwölf Liter Trinkwasser für einmal Pieseln verrieseln! Und sind nicht alle Deos längst so „umweltfreundlich", daß man der Natur förmlich eine Freude macht, wenn man sie versprayt?

Jetzt geht wieder ein altes Gespenst um in Europa: der „Spiegel", „trend" und andere Magazine stopfen das Frühsommerloch inserentenfeindlich mit Ozon-Horror. Ozon ist bekanntlich jenes Bio-Phänomen, das die Autofahrerpartei für eine Art Lachgas hält. (Während etwa „Stickoxyde" einen schlechten PR-Manager haben, die heißen schon irgendwie gemeingefährlich, klingt „Ozon" nicht so schlecht.) Es ist aber doch ein Lungengift, sagt die Medizin. Was sagt die Politik? Irgendein amtlicher Sprecher erklärt immer – und sei es mit albinorotem Augenaufschlag – ganz blauäugig: kein Grund zu toxischer Panik. Im Schatten der schon hustenden Oma (quasi die Markise von O.) spielen daraufhin unsere bodennah schleimenden Kids beruhigt im Park weiter Broncho-Saurier. Wind und Wetter blasen den Smogalarm wieder ab. Treibhauseffekt? Die Autofabriken melden einen Cabrio-Boom.

Stadt und Land Salzburg sind vor Jahren – you remember Rio? – dem „Klima-Bündnis" beigetreten. Das ist keine internationale Verschwörung gegen unseren namensgleichen Kanzler, sondern die freiwillige Verpflichtung, die CO_2-Emission bis 2010 zu halbieren. Was heißt das konkret? Nichts, als daß eine weitere Absichtserklärung in der Schublade verschimmelt. Erst wenn Austria Salzburg nachweislich wegen Ozon im Meisterschaftsfinale den kürzeren Atem gehabt hätte, folgte vielleicht etwas längere Nachdenklichkeit.

Sogar die ernste Wissenschaft kommentiert zunehmend realsatirisch. Irgendwie (öko-logisch) fördert das Ozonloch die UV-B-Strahlung. „In Brisbaine kommen 15 Watt pro m², und dort leben auch Menschen", tröstet der Physiologe, wenn bei uns statt der normalen 5 über 8 schon im Mai glühen. Die „Erythemschwelle" – also die Hautrötungszeit – sank heuer in München auf 26 Minuten: viel länger braucht unser Grillhendl auch nicht. So kriegt der Macho-Begriff „knusprig" für Bikini-Schönheit wieder eine alte, wahre Bedeutung. Der große Trend „Hautkrebs als Urlaubssouvenir" ist bald Alltagserinnerung unserer finalen Generation. Auch Nähr-Pflanzen leiden? Dann wird die Oberschicht mehr Spargel und die Unterschicht eben nur noch Kartoffeln essen.

Dann paßt auch das Argument eines nahen Bürgermeisters wieder, der die letzte Salzachau einem Gewerbepark opfern und die Versöhnung von Ökonomie und Ökologie durch Vierfarbendruck lösen möchte: um das grüne Gestrüpp sei nicht schade, weil dort eh schon Jahrzehnte Stadtmüll und Schlamm deponiert werden. Das klingt so, als dürfte man einem Schwerkranken getrost einen Lungenflügel nehmen, weil er ohnehin schon ein Raucherbein hat(te).

Nicht alles, aber vieles ist hausgemacht. „Am sichersten ist es im Innenstadtstau", meint die depressive Wissenschaft: dort verflüchtigt sich das Ozon schnell und hält der Smog das UV ab. Die Rathausmehrheit muß aus gelernten, fürsorglichen Klimaforschern bestehen.

Die Festplatte ist angerichtet!

Nach den Visionen der Hardware-Softies und Software-Hardliner schrumpft der Globus zum „apple", von dem sich jeder seinen byte abschneiden soll. Window to the world! Open the box! Statt Wortschatz: Word!

Millionen an sich normaler Menschen werden heute von PC's als Haustiere gehalten. Jeder schwache Lyriker verfügt zumindest über ein starkes Programm. Jetzt sollen alle auf die Datenautobahn: ohne eigenen Anschluß stehst Du da wie ein handy-loser Biobauer, der noch Briefe schreibt – händisch. Andrerseits darf bald jeder der Tastatur mächtige Hinterwäldler der urbanen Intelligenz drohen: Die Welt ist ein Dorf! Alles ist vernetzt – auch diese Wahrheit mit jeder Binse. Jeder „kommuniziert" elektronisch mit jedem! Da schon digitaler Telefonsex angeblich Appeal hat, muß ein Internet zwischen Papa im Weinkeller und Mutter im Schlafzimmer das obergeilste werden. Und wenn der Postmann zweimal klingelt: Cybersex ...

Die Kabelwirtschaft liegt im Glasfieber. Am sozialsten für die Marktwirtschaft: der Staat schafft die (funkgestützte) Infrastruktur – für privates Teleshopping und Telebanking. Auch die Techno-Fundis in der Verwaltung schwärmen natürlich von der totalen Verfügbarkeit von Daten, vor allem persönlicher.

Daß die Werbewirtschaft an diesem globalen Glücksrad kurbelt, ist nur logisch: sie lebt von der „Kommunikation", das heißt vom Empfänger jener Botschaften, die sie pausenlos versendet. Der Traum des Direkt-Mailers: aus allen Brief- und Türschlitzen werden Mail-Boxes.

Nicht *WAS*, sondern *DASS* (und technisch wie) „kommuniziert" wird, ist Hauptgegenstand der Highway-Fetischisten. „Unplugged" wirkst Du irgendwie marktwirschaftsfeindlich. Ob der PC-Autist mit der wirklichen Wirklichkeit überhaupt noch kompatibel ist, kümmert den Vernetzungseuphoriker kaum. Schon bei Kindern siegt Basic über Instinct: Macht nix, wenn nur der Output stimmt, faxt der moderne Papa am Zweitgerät. Daß der Computer keine Gefühle hat und kennt, macht ihn zum idealen „Partner" – und paßt in den „Megatrend", mit der eigenen oder fremden Psyche immer weniger umgehen, geschweigedenn etwas anfangen zu können. So schwärmt, logo, auch jeder technokratische Zombie vom Totalanschluß der Menschheit.

Die Welt ist offenbar nicht mehr alles, was der Fall ist, sondern hauptsächlich das, was auf einem Bildschirm Platz findet. Daß der umschwärmte Data-Highway auch in einen Denk-Stau führen könnte, ist im Programm von Schwärmern nicht vorgesehen. „Die Fortbewegungsmittel der Zukunft sind Maus und Tastatur" – kündigt sich eine Fachtagung an. So was freut den Orthopäden schon heute. Wenn man das Leben aus der Perspektive einer Maus betrachtet, können sich tatsächlich nur „neue Welten" auftun: die meisten gingen bisher ja doch halbwegs aufrecht durchs Leben.

Technikfeindlichkeit aus Angst vorm Neuen? Ich bitt' Sie: Wie man einen Computer abstürzen läßt, weiß heute schon jede schlechtausgebildete Schreibkraft. Ich schmunzle über das schöne Paradoxon, erst aus der totalen Verkabelung entstünde „Autonomie". Das angeblich unabhängige Individuum zappelt zappend am Glasfiberstrang, an dem Millionen hängen. Die Aversion etwa gegen Konsumidiotie geht höchstens so weit, daß man sich beim Teleshopping aus der persönlichen Gesellschaft der übrigen Konsumidioten im realen Warenhaus ausklinkt. Das Shopping selbst ist keine Frage, sondern bleibt eingebleutes Ziel. Werbetechnisch könnte der höchste „Fortschritt" auf der multimedialen Datenautobahn dann erreicht sein, wenn auch dem letzten, nächtens tippenden Chinesen urplötzlich die bewegende Botschaft aufleuchtet: Mil scheint, ich bin beim Leinel!

Machbar ist, so die Ideologie der modernen Technik, freilich alles. Aber erreicht die gleichsam unbegrenzt transportierbare Information eine kritische Masse, ist Abschalten angesagt. Die Interpretierbarkeit nimmt ab, da nützt auch die größte Vernetzungsdichte nichts, sondern wirkt kontraproduktiv. Auch Bill Clinton hat man – zwecks mehr Kommunikation zwischen Bürger und Präsident – ans Netz gehängt: Als seine Box an zuvielen Mails erstickte, mußte man zwangsläufig Sichtungs-Computer und standardisierte Antwortprogramme installieren. Jetzt tauschen sich Computer aus: ein wahrhaft post-moderner Diskurs.

An einem Computer sitzend und tippend, weiß ich selbstverständlich, daß all dieser gewaltige Fortschritt nur von Hackern, diesen letzten nicht-virtuellen Anarchisten, ein wenig gebremst werden könnte. Sie finden jedesmal aufs neue heraus, daß der Computer nur deshalb so schnell ist, weil er nicht denkt.

Ich hingegen kann auf den weltweit wirklichen Glauben an die Virtualität nur poetisch antworten: Wenn irgendjemand auf der Datenautobahn mein handgeschriebenes Adreßbuch fände, wäre es für ihn völlig nutzlos. Für mich aber ist es unersetzlich.

Neun Länder – neunzig Sender?

Kleine Meldung – große Folgen: eben verschickte die Regionalradiobehörde an zehn Privatgesellschaften Sendelizenzen. Demnächst darf kommerziell regional rundgefunkt werden. Jetzt muß womöglich sogar ich, ein (vom Monopol) ausgewiesener Anti-Monopolist und Hasser der unsäglichen Simplizität derer, die mich schon morgens aus dem Radiowecker anblöken, dem Monopol nachweinen!

Auch wenn ich das soeben erfundene „durchhörbare Ö3" des Marktführers für die Vorstufe des „unhörbaren" halte, also für eine Selbstverstümmelung: gegen das, was demnächst in gewissen Privatsendern anfällt, werden die Ausfälle eines Mad Schuh Megaperls der Weisheit sein.

Der Kulturchef des Fernsehens meinte kürzlich, der Rundfunk sei eines der Instrumente, „die dem Fortschreiten der Zivilisation dienen". Der Mann hat zweifellos Mut zum Optimismus – aber anscheinend noch nie einen Kommerzsender in einer deutschen Kleinstadt aufgedreht.

Bin ich ein Anhänger der Ajatollahs, die den Persern 1001 Schüssel auf dem Dach verbieten, auf daß sie nur noch den Staatssender empfangen? Nein. Aber wie sieht denn das Goldene Zeitalter der versendeten Demokratie aus, das nun bei uns ausbricht: Wer genug Cash auf den Tisch legen kann – vornehmlich Banken, Bierbrauer, Gewerbetreibende und sonstige Kulturbeauftragte –, darf privatrechtlich Sendezeit vergeuden. Bald wird es als Wettbewerbsverzerrung gelten, nicht Tag und Nacht ein „Vollprogramm" ausschließlich aus Werbespots gestalten zu dürfen.

Maßgeblich mit dabei ist selbstverständlich jener „Mac-Journalismus", der (mir) am meisten auf die Nerven geht. Jener, der täglich (oder wöchentlich) alles an Nichts apportiert und das als Krone medialer Schöpfung oder News ausgibt. Exakt dieser denkerische Holzweg, der hierzulande für „Boulevard" gehalten wird, darf nun auch noch zentral Wellen schlagen. Der Groschensender zum Groschenblatt, ein gefunktes „Bravo": Hirntod für alle, schon zu Lebzeiten.

Anstatt der medialen Restintelligenz wenigstens ein bißchen Luft(-hoheit) zu verschaffen, korrespondiert absehbar die ätherische Holzschnittigkeit dieses Radiokommerzes genial mit der manifesten Analphabetisierung durch die Massen-Presse. Dick und Doof Hand in Hand, jetzt sogar in einer.

Der „Österreichische Rundfunk" hat einen „kulturellen Auftrag" wenigstens auf dem Papier; der Kommerzsender hat, völlig legal, nur den Auftrag, Papiergeld zu machen: Ö3 nicht nur auf Ö3 – dafür ohne Ö1 und Ö2. Während sich der ORF immerhin noch als „Anstalt für die Bedürfnisse der HörerInnen" definiert, haben die Privatgesellschafter das Bedürfnis nach rascher Kapitalamortisation. Was heißt das aber fürs Programm, wenn sich mehr Tortenhungrige um den abnehmenden Werbekuchen raufen: Noch mehr Trash-Flegel an die Verkaufsfront! Immer mehr vom selben Small-Talk! Sogar aus Heavy metal ist noch Schrott zu machen, und selbst irgendwelche „Surmtaler Herzbuben" sind von einem „Napalm-Duo" zu unterbieten. Global village? Lugner-City urbi et orbi! Täglich alles on air!

Wie der Dichter Jurek Becker, der im Staats-TV mit Qualität Quoten schaffte, bei den „Münchner Medientagen" so richtig sagte: „Überall dieselbe Hast, um nur ja nicht die Geduld des letzten Trottels überzustrapazieren".

Tja, es wird selbst für den nicht-anonymen, öffentlich-rechtlichen Sender verdammt hart, der Beste in diesem Schwachsinn zu sein. Die durch solche Praxis erworbene Dummheit eines Programms ist aber natürlich eine Wette jedes Senders mit sich selbst: der berüchtigte Durchschnittshörer, der das angeblich alles so will, irgendwie ein Yeti, den keiner je getroffen hat, kann unmöglich so blöd sein wie ein Programmchef, der ihn ständig beschwört.

Der Gesetzgeber hat also – proporztreu und kartellgerecht – das unmenschliche Radiomonopol gebrochen, das heißt, Demokratie mit Kartell-Wirtschaft verwechselt. Gehört aber die Luft nicht allen? Doch doch. Aber schließlich haben ja auch sonst (lizenzierte) Schadstoff-Emiss(ion)äre die Freiheit, den öffentlichen Luftraum ordentlich zu verpesten.

Aus intimer Kenntnis vieler südwest-deutscher und bayerischer Privatsender – ich schalte sie mir oft auf den Radiowecker im Hotel, um ganz sicher ganz schnell aus dem Bett zu flüchten –, weiß ich, daß die soziale Intelligenz dieser Programme jene eines Teesäckchens nur knapp übertrifft. Und was wird aus den Wort-

spenden im Salzburger Privatradio werden? Bis auf wenige qua-
lifizierte Talk-Stellen und Kurznachrichten: naivste Publikums-
spielchen, peinliches Karaoke, kastrierende Erotik-Wetterberichte,
Kalendarien für Mondsüchtige und sterndumme Astro-Nightli-
nes ... In einem solchen „selbstreferentiellen System" – wir trichtern
dem Hörer ein, was er hören soll, und berufen uns dann darauf,
daß er nur mehr das Eingetrichterte hören will – gelten mehr
Verkehrsinfos und Pollenwarnungen inmitten der Hits und Spots
vermutlich schon als Erhöhung des kulturellen Wort-Anteils.

Bei Öffnung der Kanal-Schleusen bin ich daher dafür, daß an
jeden Radiobesitzer, der nicht schwarzhört, „Musikschutz" aus-
geschüttet wird; plus Pönale für das unfreiwillige Anhören von
Moderatoren beim Zappen; plus Schmerzensgeld gegen Trash-
Talk. Diese gewiß riesigen Summen sollten gleich auch in die
Kalkulationen der künftigen privaten Luftverschmutzer einfließen
müssen. Ich verliere ja nicht so schnell das Bewußtsein. Aber ich
lasse mich vom „reinen" Kommerz, der den Äther verunreinigt,
der allen gehört, höchst ungern auch nur kurzzeitig betäuben.

Saumagen

Eben fragt die „Süddeutsche", wann Hannelore Kohl bei Rinder-
kraftbrühe zur Gründung des Jakob-Creutzfeld-Versehrtenvereins
lädt.

Das ist vielleicht ein bißl geschmacklos. Aber längst nicht so
unappetitlich wie der Tanz der EU ums goldene Rind. Das totale
Embargo gegen Albions Bullen bröckelt, weil Major bockt und
die gesamte Euro-Arbeit blockiert. Als ob der gemeinsame Markt
mit BSE als biologischer Waffe erobert werden soll, hat London
ein „Kriegskabinett" gebildet. Das nenn' ich britische Härte. Brüssel ist offenbar Wachs.

Vorschlag an findige Gen-Techniker: vielleicht erspart die di-
rekte Kreuzung von EU mit Euter dem hirnrissigen Züchter den
Umweg übers Schaf-Chappy? Zwar weiß die Medizin noch immer
nicht definitiv, ob ein Wahnsinns-Steak Hirnschwamm erzeugt.
Doch die Fälle bei ganz jungen Engländern mehren sich. Wir aber

dürfen uns, so locker nimmt Brüssel den Boykott, jedenfalls bald wieder die Insel-Gelatine irgendwohin schmieren: wenn schon „vorsichtshalber" nicht in den Magen, so durchaus in die Haare. Und wie kommt eine glückliche heimische Kuh dazu, demnächst womöglich mit britischem Bullen-Samen infiziert zu werden? Ein starkes Stück Europa: zuerst ruinieren ein paar Idioten den gemeinsamen Rindermarkt. Auch bei uns wird ja bald kein Schwein mehr Rind kaufen. Dann zahlen alle Mitglieder, auch der unschuldige Körndl-Bauer, den Wahnsinnsschaden. Nun ist das Embargo wieder löchrig wie ein verseuchtes Kuhhirn. Und London fordert als Zuwaage gleich das Ablaufdatum des Fleischexport-Verbotes!

Jedenfalls ahne ich, weshalb Lady Di an „Bulimie" litt: der gemeine britische Tierfabrikant schreibt das wohl mit Doppel-L. Denn vermutlich nicht zufällig heißt diese Eß-Brechsucht auf Deutsch: „Ochsenhunger".

Anti-Bio-tikum

Ich bin unbedingt dafür, daß nach Schafen endlich auch Menschen geklont werden: vielleicht gelingt es dadurch, künftige Generationen gegen alle (von der EU) erlaubten Lebensmittelzusätze resistent zu machen. Sozusagen den Menschen wie den Mais mittels Gen-Technik gegen Spritzmittel zu immunisieren.

Immerhin seien, sagen bestellte Gutachter dem Wirtschafts(!)-minister, die „Risiken durch Gentechnik vernachlässigbar": Für wen? Für die Agro-Konzerne und alle Fischlers in Brüssel?

Da es schon Wurscht ist, was in selbige kommt, kann ein bißl Antibiotikum auch am Kas nicht schaden. Staunt die Köchin heute noch über „Damenbart? Schwein gehabt!", kriegt der Gast morgen vielleicht die Rinde vom „Salzburger Bauernkäse" gegen seine Angina.

Übermorgen hängt an jedem Einkaufswagen ein „Speibsackerl" (EU-Begriff: „Kotztüte"). „Natamyzin E 235": das klingt wie ein Rattengift. Soll uns aber nur vor dem Schimmel schützen, den ein alter „Mondseer" kriegen kann. (Und was macht ein Pinzgauer Käs? Sich keine Sorgen: er hat eine Naturrinde von Rotschmiere).

Bei meiner Ehr': entscheidend für die Antibio-Dusche ist wohl die Verdoppelung der Aufbrauchfrist. Kann der Laib weiter rollen und länger herumliegen.

Vor der EU durfte sich hier kein Käse in solchen Mitteln baden. Da sorgte man sich noch um Allergiker oder Stoffwechselproblematiker. Allein 500 „Haltbarkeitsverlängerer" sind EU-Lebensmitteln schon beigemengt. Das sollen wir jetzt einfach schlucken. Unser einstmals strenges Lebensmittelgesetz ist längst scheibchenweise verschimmelt.

Sie erinnern sich an die herzigen Beteuerungen vor dem Beitritt? Alles Käse: wie Neutralität, Arbeitsplätze, Konjunktur, monatliche Spartausender. Weshalb sich noch extra vor dem „Euro" fürchten? EU-Agrarpolitik: das allein ist schon Wahnsinn online!

Welcome in Liberty, freier Autor!

Woraus besteht der Mensch? Aus lauter Zellen. Und so was fühlt sich frei! Ich bin – auch – „freier Mitarbeiter" von Sendern. „Freier": Das klingt irgendwie nach „Strich". Am wirklichen ist aber, schätz' ich, Auf- und Ertragslage besser. Den ORF etwa muß man sich echt leisten können. Für das (erst zu versteuernde) Handgeld, das ich als Nebenerwerbs-Essayist dort einsacke, kommt Ihnen kein Installateur ins Haus. Und kein Fixangestell-ter im Studio redigierte um diesen Satz je einen. Im Grunde müßten wir „Freie" statt Honorarscheinen Spendenquittungen bekommen.

Die gute, reiche Janis Joplin hatte leicht singen: „Freedom's just another word for nothing left to lose". (Diesen Text lieferte der freie Autor Kris Kristofferson). Heute setzen jene, die den Kapital-Bildungsauftrag des Hörfunks erfüllen, bei den „Freien", ohne die im Programm nichts liefe, mehr auf Rilke: der definierte Armut behübschend als „großen Glanz von Innen" – der zudem die Kreativität fördere. Bei so was knurrt nicht nur der Magen.

Frei, freier, freigesetzt: die „Verschlankung des Wortanteils" hat zur Folge, daß immer mehr freie Autoren immer öfter frei haben. So entsteht das Paradoxon, daß der „freie Mitarbeiter" zwar massenhaft vorkommt, aber längst auf der Roten Liste steht. Ein Streik der noch beschäftigten Taglöhner ist auszuschließen. Es herrscht Überangebot am – schon wieder: freien – Markt; wenn schon nicht an Qualität, so mindestens an devotesker Sklavenhaltung. Allein das schmucke Adjektiv „frei" verrät, daß es mit der Freiheit nicht arg weit her ist. „Denn herrenlos ist auch der Freiste nicht", wie schon Lessings weiser Nathan wußte.

Das gilt auch jenseits des materiellen und SozialversicherungsStatus'. Wieviel Geist versendet sich ungehört, weil die Programmplanung Gedanken über drei Minuten schneidet? „Hörspiel-Kunst" etwa ist, was exakt 30 oder 55 Minuten nicht überschreitet. Nur die Kultur Gottschalks oder Moiks darf locker überziehen. Auch so was schärft die Schere im Kopf mancher Vogelfreien.

Nicht zu vergessen die Psychologie des Herr-Knecht-Verhältnisses zwischen Festangestellten und Freien. Die Dialektik von Clique und Claque fördert Einstimmigkeit bis zu Eintönigkeit. Ovationshemmer sind weniger gefragt als Jasager. „Im Geschäft zu bleiben" bedeutet für manchen, quasi auf der Fußmatte seines Redakteurs übernachten zu sollen, abrufbar. Das E-Mail mit dem puren Werk genügt nicht: ohne Verhaberung kein Gut-Haben.

Ich bin, wie gesagt, auch ein Freier. Oder besser: trotzdem. Aber freier fühle ich mich eigentlich dann, wenn ich nicht daran denke, wie frei ich eigentlich werden könnte, wenn ich gerade so frei war wie eben.

Mens sana incorporated

Papa, was heißt „Insolvenz"?

Vorab, lieber Sohn: sag' bitte nicht immer „soziale" Marktwirtschaft. Unsere heißt „brutale". Darin geht es so zu wie bei Deinem „Monopoly". Nur daß es kein Spiel ist. Vergiß alles, was Du bisher vielleicht über „sozialpartnerschaftliche Umgangsformen" gehört hast. So etwas wie ein sozialverträglicher Gesellschaftsvertrag zwischen Kapital und Arbeit ist das Papier nicht wert, das in Hallein erzeugt wird. Er gilt bestenfalls für Hochkonjunkturen, Tiefzinsperioden oder Weltmarktbooms, also höchst unsichere Zeiten.

Sicher ist hingegen, daß in einer Krise der Arbeitnehmer auf jeden Fall zum Sozialpartner wird, das heißt, daß er den sozialen Part übernehmen muß, auf daß dieser für den Unternehmer entfallen kann. Die Summe aller solcher Sozialpartner heißt Staat. Vorher und nachher gilt in der großen Wirtschaft das lateinische Sprichwort „Dividende et impera", in der Rohübersetzung: „Hier herrscht das Abkassieren!" Du erkennst auch daran die Parallelen zum „DKT", und es ist zweifellos für deine Zukunft pädagogisch wertvoll, wenn Du schon frühzeitig spielerisch lernst, wo wer wie und wodurch gewinnt.

Am besten wäre es, Du würdest als Hauptaktionär oder Großunternehmer beginnen. Im Aktiengesetz steht sicherlich irgendwo: Eigentum verpflichtet – praktisch zu gar nichts. Nach unserer Rechts-Auffassung kann ein Eigentümer sagen: Ich kann mit meinem Kapital machen, was ich will. Wohingegen sich der gemeine (linke) Lohnempfänger angesichts seines Spielgelds höchstens sagen muß: Das Kapital kann mit mir machen, was es will.

Der Großunternehmer heißt so, weil er es – im Gegensatz zum Klein- oder Sub-Unternehmer – im großen Maßstab übernimmt, unten (oder beim Staat, s. o.) zu nehmen. Untergebene haben zu geben.

Eine gute Ausgangsposition wäre auch der Aufsichtsrat. Ein Aufsichtsrat muß nicht Übersicht oder gar Durchblick haben. Bei ihm zählt einzig die Leistung. Leistet er es sich beispielsweise, im Dezember noch nicht zu wissen, daß er im März keine Löhne mehr bezahlen kann, so wird sich auch diese Leistung für ihn lohnen.

Kannst Du aus irgendwelchen Gründen nicht als Großaktionär oder Aufsichtsratsvorsitzender anfangen, geh wenigstens als höherer Manager an den Start! „Managen" bedeutet im Englischen „groß herausbringen". Ob Profite aus Arbeit oder Arbeiter aus der Lohnliste, hängt nur im Erfolgsfall einzig von Dir, ansonsten von allen anderen Faktoren ab, etwa vom Markt. Für den Top-Manager ist wichtig, daß er im Flop-Fall delegiert und sich zur Arbeitsteilung bekennt: Er trägt die Verantwortung, die Belegschaft das Risiko. Die Verantwortung ist unteilbar, das Risiko verteilbar. Oder: große Gewinne gehören privatisiert, Riesenverluste sozialisiert. Das Management darf freisetzen, die Arbeiterschaft muß aussetzen.

Beherzigt der Manager diese Faustregeln, gewinnt er immer. Mit seiner gleichnamigen Krankheit, die schon viele Betriebe hinweggerafft hat, sind nur die Arbeiter und Angestellten geschlagen. Wesentlich, mein Sohn, ist, daß Du schon vor Spielbeginn begreifst, auf welcher Seite des Feldes die Siegerfiguren stehen. Präge Dir den gravierenden Unterschied etwa zwischen „Vorstand" und „Verstand", „Rendite" und „Rente" oder „Führungs"- und „Nachtschicht" ein!

Derart mit einem Grundkapital an Wissen ausgerüstet, löse Dich ruhig ein wenig von Deiner Konzernmutter und setze und spiele im Ausland. Österreich, zum Beispiel, ist eine zwar kleine, aber gewinnversprechende Kolonie, wirtschaftlich vergleichbar den Bananenrepubliken unterhalb der USA auf Deinem Globus. Dort findest Du gut ausgebildete, tüchtige MitarbeiterInnen sowie eine Regierung, die Dir zum Start bereitwillig ein paar Sechser schenkt. Tut das die Kolonie nicht, kannst Du immer noch auf ein anderes Feld setzen: Du wirst sehen, wie rasch Dich diese Freihandelszone vorrücken läßt. Merke: die Mutter setzt die Schrauben an, nicht umgekehrt.

Dieses Startkapital der Kolonie in Form von Strukturhilfen, Krediten oder Fonds mag Dir zunächst wie Fremdkapital erscheinen: nimm und nütze es. Ein solcher Auslandsstandort ist der reine Heimvorteil! Strategisch bedeutsam ist nach solchem Start einzig der stete Gewinnfluß vom Ableger zum Stamm. Was sonst noch fließt, ist alles jahrelang im Fluß neben Deinem neuen Zweigwerk. Soviel zur fröhlichen Gründerzeit, mein Sohn...

*

Letztens, lieber Sohn, habe ich Dir das Märchen von der „sozialen" Marktwirtschaft erzählt. In grauer Vorzeit bedeutete „sozial", daß nicht nur der Stärkere, sondern auch der Schwache überlebt. Noch heute sagen wir: „Wir sitzen alle in einem Boot". Allerdings mit dem Unterschied, daß die Mehrheit rudert, während ganz wenige steuern – und beim Untergang meistens nur die Steuerleute Schwimmwesten haben.

Schon allein deshalb ist es besser, zu den Wirtschafts-Kapitänen als zu denen zu gehören, die sich in die Riemen legen oder denselben enger schnallen müssen. Der Mensch steht nicht im Mittelpunkt. Daher geht er leicht über Bord, wenn der Kurs schwankt. In der großen Konzernwirtschaft, die wir in Deinem „Monopoly" simulieren, nennt man die Ruderer „Belegschaft". Dieses Spielmaterial heißt so, weil es in der Buchhaltung Belege (Lohnzettel etc.) verursacht. Entlassungen darfst Du also nicht nur negativ, sondern auch als Verwaltungsvereinfachung sehen.

Mit den Wirtschaftslenkern ist es selbst im Krisenfall etwas ganz anderes: sie sind unersetzlich. „Die Führungskräfte sind dafür verantwortlich, daß ein Unternehmen jetzt und in der Zukunft im Markt existieren kann." So steht es in einer Spielanleitung aus (gestrichenem) Halleiner Hochglanzpapier. Das Spiel heißt „Strategy", leicht zu verwechseln mit „Tragedy". Kann ein Werk nicht mehr am Markt existieren, sind die Führungskräfte dafür logischerweise nicht verantwortlich. Sie werden weiter hochbezahlt gebraucht, um aus den Riesenverlusten ein Bombengeschäft für die Haupteigentümer zu machen.

Wenn schon alles egal ist, haben Aufsichtsräte, die große Summen verspielt haben, in Kolonien wie Österreich völlig legal mehrere Freiwürfe, um auch nach vielen falschen Zügen den Kapitaleinsatz nicht zu verlieren. Merke: es geht dabei nicht um Fragen des Verschuldens, sondern der Verschuldung. Wie Du weißt, mein Sohn, ist geteiltes Leid halbes. Wenn Du nur ausreichend verteilen kannst, tun Dir sogar Milliarden nimmer weh. In diesem Sinn wurde die riskante staatliche Vergeudungswirtschaft durch die risikoverteilende Privatwirtschaft überwunden. Anders gesagt: im alten, abgeschafften Kommunismus beutete der Staat die Unternehmenden aus. Im existierenden Spätkapitalismus ist es genau umgekehrt.

Hast Du bei „Monopoly" im Verdrängungswettbewerb, also beim Ignorieren der Konkurrenzsituation gesiegt und bist daher pleite, brauchst Du nicht an Dein Stammkapital, sondern bloß in „Ausgleich" zu gehen.

„Ausgleich" ist, wenn Du soviel Schulden (gemacht) hast, daß es Dir fast gleich ist, wenn irgendein Zweigwerk (Zellulosefabrik) vor dem Aus steht. Dann kannst Du zum Ausgleich dafür Deine Schulden größtenteils schuldig bleiben, indem Du „Insolvenz" anmeldest.

Insolvenz hat mit Inkompetenz überhaupt nichts zu tun. Man beantragt sie einfach dann, wenn das Top-Management gegenüber den Passivas zu lange passiv war und für den Hauptaktionär der „Cash-flow" nicht mehr stimmt – also der Kies nimmer nur so reinfliegt. Insolvenz ist eine Art Sollbruchstelle, die den Eigentümer davor bewahrt, daß sein Konzern zu Bruch geht.

Anscheinend kommt das Wort vom lateinischen „te absolvo", das Du aus der Kirche kennst: ich befreie Dich von Deinen Schulden. Es darf nicht mit „Impertinenz" verwechselt werden, auch wenn den vielleicht Unfähigen, aber nicht Verantwortlichen der Benz in jedem Fall bleibt. In dieser Hinsicht reimt sich für die Involvierten auf „Insolvenz" nur „Inkonsequenz".

Will der Bankhalter bei diesem Spiel den „Ausgleich" nicht gleich ungeprüft annehmen, drohe am besten mit „Gleich aus!": mit „Konkurs", also totalem Spielabbruch. Alle Räder stehen still, wenn Dein Kapital es will! Oder schmeiß Deinem Partner, den Du nie in die Karten schauen hast lassen, Dein gesamtes mieses Paket für einen Alpendollar hin: Du kannst Dich darauf verlassen, daß er vor Deinem Berg Schulden zurückschreckt.

Am besten funktioniert so ein „Ausgleich", wie gesagt, weit weg vom Mutterland des Konzerns. Österreich ist ein sagenhaftes Spielfeld. In seiner Verfassung, ich kann Dir das nur grob erklären, muß wohl irgendwo stehen: „Österreich ist eine Kolonie, bestehend aus 9 Protektoraten des Auslandskapitals. Das Recht geht vom Konzern, ggf. dem Volke aus. Die Protektorate werden von den Landverwesern der jeweiligen Konzerne regiert." Im Profitfall kann also der Gewinn spielend ins Ausland transferiert werden. Aber auch im gegenteiligen Fall ist der wahre Profi fit: willst Du als Statthalter beim Hauptaktionär nicht als Null dastehen, laß die Eingeborenen Deiner Kolonie bei ihr anfangen. Spiel Du „PWA!"*

Unter den Laien, die nichts von „Monopoly" verstehen, geistern viele falsche Deutungen dieses Kürzels: „Pokern wir arrogant", „Pakken wird's Austria", „Pleitiers wünschen Auffanggesellschaften" oder

---

* PWA: Papierwerke Aschaffenburg (ehem. mit Zweigwerk in Hallein b. Salzburg)

gar „Provinz wird ausgenommen". In Wahrheit steht „PWA" einzig für „Profitable Werks-Auflösung".

Wie man diese im Detail am geschicktesten bewerkstelligt, spielen wir am nächsten Wochenende durch, lieber Bub: wir wollen Dich ja optimal auf das wirkliche Leben vorbereiten!

*

Mein lieber Sohn! Nehmen wir an, Du bist eine AG, eine Aktiengesellschaft. In einer Aktiengesellschaft ist Action angesagt! Du bist schließlich kein Papiertiger – sondern kaufst Dir ein Werk samt tüchtiger Belegschaft in der Provinz irgendeiner Bananenrepublik.

Mit etwas Grundkapital, ein bißl Glück, einigermaßen großzügigen Krediten, Starthilfen und Darlehen der Eingeborenenregierung sowie noch mehr Einsatz der lieben PlantagenarbeiterInnen wird Deine Auslandsfiliale gewiß eine Goldgrube. Rollt Dein Rubel, kannst Du ihn heimholen und Deiner (Konzern-)Mutter in den Strumpf stecken, viel Dividende buchstäblich ausschütten. Der wahre Fachmann sagt zum Cash: flow! Das heißt roh übersetzt: flieh!

Nun kann es ja – selbstverständlich völlig überraschend – sein, daß dieser warme Geldregen nicht ewig dauert, die Expansion komischerweise nicht unbegrenzt ist, der Weltmarkt Schwäche zeigt oder fremde Währungen frech floaten. So was fällt nicht unter die Kompetenz der Konzernkompetenten, sondern ist Schicksal, Spiel-Unglück. Wie ich Dir schon erklärt habe, kennt die deutsche (Konzern-)Muttersprache das Wort „Mißwirtschaftsführer" nicht.

Hat der Computer dem Management, wenn es schon nicht selber halbwegs rechnen konnte, ausgerechnet, daß die fetten Jahre vorbei sind, darf dieses zunächst überhaupt nichts sagen. Höchstens kann es stillschweigend über eine generelle Neuordnung des Konzerns nachdenken, sich ruhig nach neuen Standorten umsehen oder klammheimlich zeitgerecht lebenswichtige Abteilungen aus den Kolonien absiedeln.

Auch wenn währenddessen oder gar dadurch weitere Passiva passieren, braucht der clevere Spieler nicht gleich aktiv zu werden. Ist er Spitzenmanager, sagen wir in der Papierbranche, kann er noch so von der Rolle sein: er macht persönlich trotzdem keinen schmalen Schnitt. Oder hast Du schon gehört, daß ein Werksdirektor „Ausgleichszulage" beantragte?

Die beantragt vielmehr der Hauptaktionär, indem er überfallsartig ankündigt, mit seinem kolonialen Werk in Konkurs und ansonsten nach Hause zu gehen. Merke: je höher die Defizite, desto erpreßbarer die Eingeborenen und ihre Häuptlinge! Sogenannte Sanierungspakete mögen andere schnüren: schnüre Du nur Dein Aktienpaket! Dann bist Du saniert. Laß möglicherweise hilfsbereite Politiker so dumm sterben, wie sie von den Kapitalherren gehalten werden! Gib der Gewerkschaft keine Chance, vorab Verantwortung mitzutragen: umso partnerschaftlicher muß sie nachher sozial kuschen. Selbst wenn er schon längst keinen mehr weiß, braucht sich ein Aufsichts- keinen vom Betriebs-Rat zu holen!

Würfelst Du so mit Deiner Kolonie, wirst Du bald den schönen Unterschied zwischen privatem Eigen- und sozialem Fremd-Kapital kennenlernen. Die Eingeborenen werden Deinem Stamm den Ausgleich zu Füßen legen, Darlehen stunden, Kreditzinsen senken, Raten reduzieren und für all das haften, was Du längst abgeheftet hast.

„Insolvenz" ist auch eine phantastische Gelegenheit, Umweltauflagen, die Dir ohnehin lästig waren, auf Deine Umwelt umzulegen. Auch die Gläubiger, also jene, die an kaufmännische Solidität und Solidarität geglaubt haben, werden noch dankbar sein, wenigstens nur 60% Deiner Schulden in den Wind schreiben zu dürfen: Lieferanten sind Dir ausgeliefert – oder völlig geliefert.

„PWA", mein Sohn, ist bei dieser Art von „Monopoly" der holzfreie Weg, aus Schulden Kapital zu schlagen: „Profis wählen Ausgleich". Der Staat, bekanntlich alle außer Dir, kann – im Gegensatz zu Dir – praktisch kaum bankrott gehen. Im Zweifelsfall opfern immer Millionen für Millionäre! Ist auf diese Weise der Ausgleich dazu hergestellt, daß Du ein Werk fallenlassen wolltest, mußt Du eine Auffanggesellschaft gründen. Damit kannst Du, gehen Deine Geschäfte wieder, weil ja die Kolonie für Deine Schulden gradestand, die anlaufenden Gewinne auffangen. Das ist das beste „Alternativkonzept" für jeden Konzern, der marod am Boden liegt.

Wie? Was mit den „Betriebsangehörigen" passiert? Wo für sie irgendein Ausgleich bleibt? O Sohn – Deine kindlichen Fragen! Nun: wir leben im „Winchester-Liberalismus". Das heißt, der Mensch steht nicht überm, sondern aufs Kapital. Im übrigen ist er eine Art Manövriermasse, die man beliebig „abbauen" oder „freisetzen" kann.

Hast Du Deine Auffanggesellschaften unter Dach und Fach, biete Deinen (!) Leuten – reduziert – dort die Neueinstellung an. Wenn Du es geschickt anstellst, müssen sich Deine (!) Angestellten wieder von vorn ganz hinten anstellen. Du darfst damit rechnen, daß Dich ein derart eingestellter Arbeitsloser um vieles billiger kommt als vorher. Und schon wieder hast Du gewonnen!

Alles logo?

Dann, mein lieber Bub, bist Du bestens auf das vorbereitet, was draußen, in der wirklichen Welt, täglich wirklich passiert.

Honor(ar)ig

Die Regierung legt pausenlos „Bekenntnisse zum Beinharten" ab und schnallt die Gürtel der Mageren noch enger.

Was Wunder, daß das japsende Volk die Ein-, Zwei- und Dreikommen seiner Vertreter schärfer beäugt und zurückfragt: Welchen Luftpostbrief habt ihr euch in Zeiten meines Sparpaketes geschnürt? (Oder leserbrieflich gar sinniert, was es eigentlich für eine halbe Mille pro Monat von seinem Präsidenten hat). O ja: das Volk, diese kleine, aber radikale Minderheit, griffe zu gerne in „bestehende Verträge" oben ein! Was Wunder, wenn es dort nicht um Unter-, sondern um Oberhalt geht.

Keine(r) soll Politik bloß „honoris causa" machen. Aber was ist der „Selbsthilfegruppe" Parlament „honoraris causa" als Eigenleistung zum „brutalen Sparen" eingefallen?

Ein Fraktionsführer in Wien pocht im TV stolz auf „vier Jahre Gehaltsstopp". Vom Plafond ist aber leicht herunterlachen. Mindestens Ministerpensionen sind gesicherter (höher) denn je. Aber nur der Volkskongreß in China hält sämtliche Pläne der Regierung immer für „erleuchtend".

Auch die Lohnzettel-Aktion „zeig's deiner Zeitung" führt nicht zur Gagen- und Kostenwahrheit: bestenfalls zum „milchgläsernen Abgeordneten". Allein der Begriff „arbeitsloses Einkommen" ist Gold wert! Und was sonst alles kann überhaupt nicht am monatlichen Streifen stehen?

Ein Abgeordneter rechnet ernsthaft vor, daß er täglich (!) zwei Blaue „Sonderausgaben" machen muß: bitte künftig Stamperl statt

Pokale verteilen! Selbst die berühmte 100-Stunden-Woche, die jede Mutter unbezahlt hat, rettet keinen Landesvater: vor dem Arbeitsgesetz. Und weshalb soll ich via Mandatarsgehalt jeder Partei, die ich nie wählen würde, nochmals „Steuer" zahlen?

Ich sage: die das Volk vertreten, verdienen summa summarum und vergleichsweise genug. Wer von ihnen jammert, gehört in den Schauspielführer, in die freie Berufswahl – oder eingespart.

Bau-Los

Käme alles nicht so teuer, könnte man die unendliche Baugeschichte rund um unseren Bahnhof bloß als Quell ewiger (realsatirischer) Freuden nehmen. Ich lach mich „schief & scheckig" – was schon die Marx-Brothers für einen tollen Namen für eine Baufirma hielten. Immerhin hieß es auf, neben und unter dem Vorplatz öfter „Bau aus!" als „Aus-Bau".

Nach 600 bereits verbuddelten Millionen fehlen dem überdachten Lokalbahnhof die Aufgänge für die Pendler. Wenigstens steht schon die Rampe für die geplante Tiefgarage: diese selbst aber vorläufig in den Sternen. Nach Anboteröffnung stellt sich heraus, daß sämtliche Bewerber (seltsam eng) mit 200 Millionen kalkulieren. Die Schmerzgrenze der Bauherren (Stadt und Land) liegt aber bei der Hälfte ...

Und wo liegt die Scherz-Grenze des gesamten Komplexes, den wir schön langsam kriegen?

Wer immer in der Nachbarschaft von diesem Jahrhundertprojekt erfährt, kann ein Grinsen nicht unterdrücken. Geht das Salzburg des ausgehenden Jahrhunderts als die Stadt der großen Löcher in die Annalen ein? Oder sollte man – nach so vielen Pleiten, Pech und Pannen – nicht lieber das Guggenheim-Museum in die Kaverne versenken?

Was die Vorgeschichte der Misere betrifft, graben die Parteien nun unterschiedlichste Erklärungen aus. Amtierende und ehemalige Überväter der Stadt füllen Leserbriefspalten schuldzuweisend. Ich fürchte, das Publikum versteht summa summarum nur Bahnhof.

Eindeutig ist, daß die Grundsatzbeschlüsse für diesen verkehrstechnisch-städtebaulichen Reinfall seinerzeit einstimmig gefaßt wurden. (Auch wenn manche heute einen Mainoni dagegen schwören.)

Unzweideutig ist auch, daß damals immense vertragliche Genügsamkeit herrschte, was die Finanzierung angeht: Handschläge mit zurückzuckenden Händen.

So wird die Bemerkung, Salzburg besitze die einzige U-Bahn der Welt mit nur einer Haltestelle, stets zum sicheren Lacher im „Volxkabarett".

Auskommen

Um wieviele gesellschaftliche Randgruppen muß man sich heute sorgen! (Manche Jugendliche werden schon vom Berufsberater gefragt: was willst du später einmal arbeitslos werden?) Wenigstens eine hat nach dem jüngsten Rechnungshofbericht aber eine gute Überlebensprognose: die der Primarärzte. Sie kommen mit durchschnittlich 2,7 Mille pro Jahr aus.

Wollte ich den Berufswunsch meines Sohnes bestimmen und ginge es nur ums Geld, würde ich sagen: lern Chirurgie-Primar, dann machst du den goldenen Schnitt. Von 3 bis 8 Mille ist, als Angestellter, alles drin. (Einnahmen in der Privatordination immer erst noch addieren!)

Aber auch einem Zentrallabor vorzustehen, ist finanziell ein Lachmuß-Test, während Lebensrettung einem Gynäkologen seltsamerweise nur 1,7 bringt. Nervenschonend jedoch das Einkommen eines Spitzen-Neurologen: 4,8 auf der Millionenskala – im Vergleich zum Facharzt auf seiner Station ein beunruhigendes „Neunkommen".

Primar inter pares? 70 Primarii bekommen 100 Mille Sondergebühren. Und 200 Assistenten teilen sich 38. Das beliebteste Argument der Chefs: Spitzenmedizin gibt es nur gegen Spitzengehälter. Heißt das, daß nachgeordnete Ärzte bloß zweitrangige Arbeit leisten? Von den erstklassigen Schwestern und Pflegern, ohne die in Krankenhäusern auch nichts läuft, reden wir gar nicht.

1990 schickten ÖVP, SPÖ und FPÖ einen noblen Antrag der Grünen in die Anästhesie: ein Primar soll nicht mehr als der Landeshauptmann verdienen. Heilsam, daß sich nun sowohl der Landeshauptmann-Stellvertreter als Oberarzt als auch der Landesfinanzreferent als Beutelschneider auf den Weg ins Krankenhaus machen wollen, um zu limitieren und umzuverteilen.

Neidgenossenschaft? Selbstverständlich! Überm „Neid" auf unmoralische Gehälter zu stehen, ist gewiß moralisch toll. Aber soviel Moral kann sich eine Leidgenossenschaft von ebenfalls hart arbeitenden Normalverdienern, die immer mehr verarmt, einfach immer weniger leisten.

Von Papp- und goldenen Nasen

In Salzburger Geldinstituten hat sich der Brauch eingebürgert, mindestens gegen Faschingsende der Laufkundschaft kostümiert gegenüberzutreten. (Anderswo nützen Bankräuber die närrische Zeit zu einem Maskentreiben anderer Art.) Als ich jedoch am Rosenmontag eine (nicht mit einer Dichtergedenk-Stätte zu verwechselnden) Zweig-Stelle einer großen Länder-Bank betrat, trugen die Angestellten keine Pappnasen. Es herrschte sektloses „business as usual" – fit, flott, freundlich, wie ich es schon aus Zeiten gewohnt bin, da noch niemand wußte, daß eine ihrer „Vorzugsaktien" dereinst erster Sozialist und Bundeskanzler werden würde.

Allerdings reagierte die Schalterbelegschaft leicht gequält, als ich sie bat, wenigstens ein Promille der zwei oder drei Milliarden Auslandsverluste, die dem (Wiener) Boß der Bank interview- und bilanzmäßig überhaupt nicht abzugehen scheinen, auf mein Konto zu überweisen. Offenbar war ich nicht der einzige, der faschingslaunig eine „Unfähigkeitsdividende", einen (einmaligen?) Verlustbonus oder die Ausschüttung einer Ignoranzprämie vom Top-Management forderte.

Recht haben die tüchtigen Schaltermenschen, wenn sie den Kundenspott nach dem Auslandsschaden mit einem süßsäuerlichen Lächeln quittieren: Wie kommt die Filiale dazu, Ohrensausen zu kriegen, nur weil es irgendwo in der Zentrale karnevalesk zugeht? Schon allein deshalb habe ich mir die Frage verkniffen, ob der Aufsichtsrat inzwischen endgültig in ein Blindeninstitut umgewandelt wurde.

Möglich, daß man das Auslands-„Engagement" nicht als Flop von A bis Z, sondern bloß von London bis New York bezeichnen sollte. Wie man allerdings ein milliardenschweres Zaster-Desaster offenbar leicht, das heißt ohne Gewinn-, Rücklagen- und Dividendenminimierung sowie öffentliche Haiden-Ängste wegstecken kann, bleibt für einen kleinen Einleger wie mich wohl ein ewiges Bank-Geheimnis. Jeder von uns weiß um die Sicherheits-Pingeligkeiten schon bei mittleren Krediten, vor allem aber um die Knausrigkeit bei den Zinsen. Ich dachte immer, in einer Bank sei nur die Bereitstellung eines Schirmständers gratis. Anscheinend aber wird doch soviel Geld spielend verdient, daß es ab einer Milliarde lockerer zugehen darf.

Wenn die Gerüchte stimmen, daß auch in anderen stolzen Bankbilanzen derart namhafte Pfusch-Summen buchhalterisch geschönt schlummern oder drohen, fällt es schwer, nicht an den guten alten Brecht zu denken, der bekanntlich meinte, das Ausrauben einer Bank sei im Vergleich zur Gründung einer solchen ein harmloses Delikt.

Vielleicht sollte man in einem derartigen Meinungsklima dem Staunen des Publikums weniger mit Plakatoffensiven, Großinseraten und einer Beschwichtigungsorgie auf Hochglanz begegnen? Wäre es nicht angebracht, der Vorstand streute statt starker Sprüche über die Finanzstärke – fastenzeitlich passend – etwas Asche auf die (eigenen) Häupter? Und kündigte statt einer Erhöhung der Kontogebühren, die ausgerechnet jetzt niemand für einen Marketing-Clou halten wird, lieber einen „Gehaltsramadan" für Direktoren an? Oder man zahlte den forschesten Sprechern in mancher Chefetage wenigstens bis Ostern Schweigegelder, auf daß das Geldunwesen aus dem Gerede kommt?

Immerhin aber hat selbst der traurigste Flop-Fall seine (abschrekkende) Nützlichkeit: er dämpft die Expertengläubigkeit, auch auf anderen Gebieten. Nicht nur in der Politik ist ja der hartnäckige Hausverstand oft das probateste Mittel gegen die „Professionalität" des Unsinns und den Mythos der seligmachenden „Spezialisten".

Ich lach mich beispielsweise noch immer halbtot, wenn ich mich an den ersten „Lärmgutachter" meines Lebens erinnere. Er wollte mir –, die bei der Bauverhandlung anwesende Amtsärztin nahm sich dabei gleich in absolute Schweigepflicht –, mit professioneller Verve weismachen, die Schlägerung von ein paar Tausend Quadratmetern gesunden Auwaldes und die Errichtung eines Park-and-Ride-Platzes in vierzig Metern Hausabstand könne „meßtechnisch-wissenschaftlich" zu keiner wesentlichen Lärmvermehrung führen.

Seither höre ich die Straßen, die bis zum Profi-Gutachten nie zu hören waren – und bemitleide schon jetzt die Airportcenter-Anrainer. Auch sie haben's ja amtlich, daß eher ein Minister durchgeht, als daß zuviel Verkehr ins Himmelreich käme.

Tatsächlich: Vieles ist möglich. Aber wenigstens einiges davon muß unmöglich (gemacht) werden.

Sancho Pantscherl

Österreichs oberster Spesenritter hat sich also nicht arg ritterlich benommen und sitzt nun als traurige Gestalt relativ einsam in der Hofburg (HB) bzw. in der Dienstvilla.

Ein Aufriß geht durch das Land: Die Nation spekuliert gespannt, ob (wann) die Frau Bundespräsident ihr Begnadigungsrecht gegenüber dem HBP ausüben wird. Die Frau Außenminister versucht sich medial als Paartherapeutin. Zilk urgiert ein anderes Problembewußtsein, dekretiert aber gleichzeitig männerbündig, ein Ehe- dürfe kein Beinbruch sein, weil er in Politikerkreisen schließlich so oft vorkommt. Und der untreue Thomas könnte, selbst wenn er (warum eigentlich?) daran dächte, niemals zurücktreten: hinter ihm stehen 98% aller ÖsterreicherInnen.

Wie die gesamte seriöse Presse (Causa? Prima!) erkläre ich hiermit öffentlich, daß „Klestil gegen Klestil" selbstverständlich ein völlig privater Fall für zwei ist – auch wenn jeder Ballbesuch einer (eines) von beiden dem philharmonisch abonnierten Salonbürger Anlaß zur Demo wird. (Dadurch kriegt „Klatschen" seinen Doppelsinn wieder!) Kein Kolumnist in diesem Land hat unter zwei Spalten verschwiegen, daß es die Medienöffentlichkeit überhaupt nichts angeht, wenn sich der erste Mann im Staat nicht zwischen der angetrauten First Lady und der angestellten Zweitfrau entscheiden kann. Nur letzte Monarchisten fragen empört Richtung Hofburg: Was blieb vom Doppeladler? (Doppelmoral!)

Am schärfsten aber ist die boulevardeske Entrüstung über „unappetitliche Details" der jeweils noch billigeren Konkurrenz. Dabei erntet Falk ja täglich bloß alles, was er einst mit Dichand gemeinsam säte und dieser nun alleine pflanzt.

Daß der „extrovertierte" – manche übersetzen das mit „eitle" – HBP auch „nur" ein Mensch ist, kann bloß jene überraschen, die sich ein Hochglanzbild von ihm gemacht haben. Das hat jetzt einen (Seiten-)Sprung bekommen. Vielleicht hat „Thommy" einfach zu lange und zu glaubhaft den christlichen Hausvater gespielt, als daß die Gläubigen nun nicht über seinen doch etwas weitherzigen Begriff von „Großfamilie" staunen dürfen? Für Megamoralische ist das wohl so enttäuschend wie die Enthüllung, Willi Dungl ernähre sich in Wahrheit ausschließlich von Spanferkeln.

Im Gegensatz zur satten Mehrheit der angeblichen Detailverächter bin ich kein „Skandal"-verächter: ich gebe zu, die unmoralischen Angebote der Massenpresse zu genießen. Als gemeiner Bürger haben mich die Fähigkeiten der sogenannten besseren Kreise zur „Kompromißkuität" schon immer interessiert. Ich will, ein Herz mit der Krone, wissen, ob es nun in der Hofburg ein zwei- oder dreistöckiges Wach- oder doch Schlafzimmer gibt. Bei den über 65 Millionen, die uns das Klestil-Amt jährlich kostet, soll auch was für Voyeuristen drinnen sein! Schließlich leisten sich selbst die prüden Engländer überflüssige, aber repräsentative Budgetposten – die Royals – als Objekte theatralischer Entrüstung.

Glaubt man unserer Trottoirpresse, kann die Hofburg mit Schloß Windsor locker mithalten: gegen diesen flottesten Dreier der Weltgeschichte ist Prinz Charles ein müder Tampon-Werber. Auch wenn der HBP kein besonders professionelles Management in Personalfragen und nicht viel an persönlicher Diplomatie (First ladies first!) zeigte, orientiert sich ganz Österreich in Ehe- und Partnerfragen anscheinend an seinem Präsidenten – sodaß bei dessen häuslicher Krise sogleich eine „Staatskrise" geistern darf.

Das Schwächste an Klestil aber ist sein Presse-Coaching. Dennoch glaube ich nicht (mit dem Kurier-Chef) daran, daß der HBP halt in eine „News-Falle" getappt ist. Vielmehr hege ich seit der 1. Nummer dieses Magazins den Verdacht, die Klestils seien am Umsatz der Fellner-Brothers beteiligt. Immerhin hat Thomas dort freiwillig gestanden – und nun sorgt Edith („Jetzt rede ich!") für eine satte Zweitauflage des publizistischen Neurosenkriegs. Schon wirbt diese „Ganze Woche für Maturanten" stolz: „Die Familie Klestil spricht nur in News!" (Wobei die „news" aus dem bestehen, was heute eh jeder Journalist schon immer gewußt hat …)

Gut ist die Causa perfidis für den Rest der Regierung. Sie hat, vor lauter präsidialen Bock- und Seitensprüngen unbemerkt, Brüssel auf

Brustwarzen erreicht und tritt uns demnächst der EU bei. Und die Mehrheit der Beigetretenen wird noch immer betreten diskutieren, ob jemand so Attraktiver wie Frau Löffler eine „Sünde" wert sein dürfe oder nicht oder ob der HBP nun allen Österreicher(innen) oder doch hauptsächlich seiner Gattin gehören müsse.

De Mortier nihil nisi bene

Dieses Weekend wird heiß: Neben den Olympischen Spielen, der weltgrößten Fachmesse für Anabolika, eröffnen auch die örtlichen Festspiele, gewissermaßen die berühmteste Dult für Plattenindustrie und Musiktourismus. Der airoflotte Import international vazierender Stimmkünstler verleiht der Heimat des Marionettentheaters einen Monat lang das Flair einer Welt-Kulturstadt.

Staatstragende Persönlichkeiten werden wie eh und je ihre Gesichts- und Schrittbäder in erlauchter Menge nehmen: der Festspielbezirk als Mimenfeld, als Aufmarschraum für den Kampf der Wagen und Geschmeide.

La Triviata, nach Polgar, Kuh und Kraus diese Repräsentationskultur ein weiteres Mal mit spitzer Feder, mit der sich die Betroffenen doch nur schmücken, aufzuspießen. Die ganze Stadt ist Bühne, also auch – „Ehre sei Gott in der Höhe der Preise!" – die Haubenlokale, deren Menüfolgen uns die Adabeis ab sofort täglich apportieren.

Traditionell werden auch Bundes-, Landes- und Stadtpolitiker, die das Jahr über bestenfalls mit leichteren Musen schmusen, kunstinteressierte Haltung bewahren und als Logenmitglieder ihre Freikarten abs(chw)itzen. (Als ich noch Kritiken schrieb, litt ich mit und an einnickenden Ministern, die – Puccini im Ohr, Budgets im Kopf – Anwesenheitspflichten Genüge taten.) Selbst ein jazzmäßig gebildeter Bundespräsident kommt bei der Eröffnung dieser berühmten Kunststernfahrt nicht um die berüchtigten Worte aller seiner Vorgänger herum und muß sie „hiermit für eröffnet erklären". Aber holt die hierorts einleitende Geistlichkeit die allerorten ausgehende Geistigkeit ein, zurück?

Irgendeine „Welt-Erlösung" durch Kunst zu erwarten, wäre naiv: Mozart schützt nicht vor Milosevic. Aber wie sensibel und feinsinnig verläuft das Leben jenseits der Oleander-Alleen von streichquartett-unterlegten Festakten? Wer den Salzburger Alltag kennt, weiß, wie schwer es Initiativen abseits von Heimatwerk-Idyllen haben. Sehe ich die beflissenen Stützen der Gesellschaft bei den Premieren abgesperrt vorfahren, frage ich mich gerne: Ist das Festspielhaus mehr als eine Musik-Box, ein Opernwurlitzer der Plattenindustrie?

Wird die servierte Kunst „studiert", das heißt „mit Eifer gelernt", auf daß sie mehr wäre als optisch-akustischer Konsum? Im September ist die Hochkultur verzischt wie die Feuerwerke, die sie bei uns abschießen. Schafft sie eine ideologische Umwegrentabilität, eine Spannung zwischen Material und Materie? In welchen Veranstaltungen sitzen die Freikartengebundenen winters? Was lesen Wirtschafts-führer außer Sparbüchern noch? Gewiß wird der Landtag ab und an einen Besuch im Bierzelt machen! Aber auch im Avantgardekonzert? Haben die, die sich nun vom bekannten Modeschöpfer „Dernier cri" anziehen lassen, im Abschminkzimmer Hummel-Bilder? Verfügt die hohe Verwaltung, die jetzt Kultourismus praktiziert, auch über eine Theorie der Kultur? Wie reden die schauspielkünstlerisch Ergriffe-nen außerhalb der Felsenreitschule? Sind die Enthusiasmierten in einem tieferen Sinn alphabetisiert? Hinterläßt ein philharmonisches Adagio bei hypertonischen Hektikern wenigstens psycho-somatisch nützliche Spuren? Zeitigt ein Königsdrama shakespearescher Quali-tät bei einem (Kultur-)Politiker nennenswerte pädagogische Erfolge, wenn ihm wieder abverlangt wird, ein Feuerwehrfest genauso feuer-eifrig zu beklatschen wie das Verdi-Requiem?

Solche Fragen haben nichts mit Dünkel oder Snobismus zu tun. Ich belächle niemanden, der dazu steht: Lieber eine schwache Stunde Ornella als drei Stunden Riccardo Muti!

Ich bin bloß skeptisch, ob eine ernsthafte, der künstlerischen An-strengung angemessene Rezeption – die nichts mit auratischer Weihe zu tun hat – möglich ist, wenn Dienstwagen mehr gepflegt werden als opernliterarisches Grundwissen. Schein oder Sein, das ist gerade bei Festspielen die Frage.

Schön also, daß das neue Direktorium die pure Kulinarik etwas erschwert, die Kunst zur Preisfrage – und nicht zur Frage des Prei-ses – macht. Die antielitäre Hemdsärmeligkeit, mit der Mortier & Co. ohne Verrat am Anspruch von Neukirchen am Großvenediger bis zur Weltpressekonferenz zu Wien für ein neues Programm und neue

Publikumskreise werben, ist sympathisch. Ob dadurch, daß viel modernisiert wurde, schon viel an Modernität gewonnen ist, wird sich herausstellen.

Jedenfalls aber wäre eine solche Sinnsuche unter keinem bisherigen karajanusköpfigen Direktorium denkbar gewesen. Hofmannsthal (und Erben) durften noch auf „Läuterung" der Welt hoffen. Mir reichte schon, wäre Kunst ein wenig mehr als marginale Erläuterung zu Künstlergagen und Fremdenverkehr.

Land der Hämmer: Land des Lächelns

Li Peng – aus Presse, Funk und Fernsehen seit 1989 als „Schlächter von Peking" bekannt – war here. Wie vorgeschrieben, wurde dieser Voll-Blut-Politiker von unseren Vollblutpolitikern „warmherzig" empfangen.

Auch wenn die roten Teppiche ein bißl an die Lachen auf dem Tienamen-Platz erinnerten, verbreiteten die Trachtenpärchen an ihrem Ende doch jene almdudelnde Freundlichkeit, die Großdealer schätzen. Auch sonst mußten allerlei ehrenwürdige Institutionen – von der „Anifer Trachtenkapelle" bis zum Bundesheer – für „Ehrenwachen" und „Chinesisches Hofzeremoniell" herhalten, während potentielle Festbankett-Kellner aus dem Großraum Tibet von der Staatspolizei beider Länder unfreiwilligen Urlaub bekamen.

„Den Weg von Schwechat in die City säumten Polizisten": ein schönes Bild für die Schizophrenie, daß unsere Gesetzeshüter einen staatlich als „hohen Gast" anerkannten Blutbad-Verantwortlichen umsorgen mußten. Wäre eine Eskorte aus wahllos in eine friedliche Menge schießenden Panzern nicht adäquater gewesen?

Menschenrechte sind angeblich (und auch laut KSZE) unteilbar. Bequem teilbar sind hingegen die Auflagen innerhalb der Koalition: Der Vizekanzler übernimmt die Moral – indem er als einziger offiziell und prinzipiell den Kotau verweigert, die Hand mit den Schmauchspuren zu drücken. Der Wirtschaftsminister, Geld hat kein Mascherl, nimmt grinsend die Aufträge entgegen. Der Kanzler sorgt fürs Sekterl fürs Siegerfoto – sowie als Clinton-Imitator für die perfekte Trennung von Cash und Gewissen. Der Außenminister plädiert (christlich-abendländisch?) für den diplomatischen Dialog mit Typen, die gegen Dissidenten daheim mit Maschinengewehren argumentieren. Der Bundespräsident nimmt, eine Wirtschaftsmacht braucht keine Kontrolle, sein Glas für artige Toasts zur Brust – und jede Einladung „hocherfreut" an, über den „Platz des Himmlischen Friedens" flanieren zu dürfen, auf dem laut Pekinger Rotkreuz vor fünf Jahren 2600 Tote lagen. Was spielt da noch eine Rolle, daß das extrem demokratiefeindliche „Reich der Mitte" ganz ungeniert ankündigt, den eben eingeführten „Parlamentarismus" in Hongkong in drei Jahren wieder zu verbieten?

Der Innenminister sorgte pingelig für die Quarantäne solcher Geisteshaltung: ein dahergeflogener Menschenrechtsverächter mit vollem Orderkoffer genügte, das Demonstrationsrecht, das es hierzulande noch geben soll, bis zur Farce zu kastrieren. Jeder Ort, an dem der Business-Gast auftrat, wurde für so bekannte „terroristische" Vereinigungen wie Amnesty oder die Katholische Jugend zur verbotenen Stadt.

Irgendein kleines Schild vor Mozarts Geburtshaus in memoriam der 1500 vollstreckten Todesurteile im letzten Jahr? Womöglich hätte der Präsident mit dem etwas anderen Begriff von Meinungsfreiheit verlangt, „Justitia et pax" einen politischen Prozeß mit feststehendem Ausgang (ins Arbeitslager) zu machen! Auch das Verbot von friedlichen Citybikern in Sichtweite des „Bristol" macht Sinn: sie hätten Herrn Li Peng-Peng an jene erinnern können, die er daheim von Panzern plattwalzen ließ.

Angeblich galt es in weiten Teilen Asiens bis vor kurzem noch als große Schande, „sein Gesicht zu verlieren". Bei uns, wo die Marktwirtschaft dem Vernehmen nach frei herrscht, galt das nur selten: Wenn und wo immer es was zu lukrieren gibt, spielt das Massakrieren eine untergeordnete Rolle.

„Dann dürfte man ja mit vielen Ländern keine Geschäfte machen!", lautete die Phrase während des Staatsbesuches. Tja, wenn die innere Verfassung jedweden Handelspartners tatsächlich powidl oder deren lauthälsige Kritik als „Einmischung in innere Angelegenheiten" untersagt ist, muß man konsequenterweise fordern: Freie Bahn dem Tüchtigen in Serbien! Auch der Irak wäre ökonomisch ein lohnendes Zielgebiet! Und wo bleibt die Exportoffensive nach Haiti?

Selbst wenn der Staatsbesuch für diverse Kassen ein Erfolg gewesen sein mag: ich bin erleichtert, wenn ein Mann, dem man jeden friedlichen Oppositionellen aus dem Blickfeld räumen muß, um mit ihm handelseins werden zu dürfen, wieder aus meinem unmittelbaren Gesichtsfeld verschwindet. Und glücklich, das öffentlich schreiben zu dürfen, ohne (mindestens) verhaftet zu werden.

Burg und Opa

Dem Burgtheater geht es in einem Punkt so wie dem Fußball-Nationalteam: Steht ein interessantes Spiel bevor, besteht ganz Österreich aus Hobby-Fachleuten, die aufstellen wollen.

Beispielsweise leistet sich das massenhafteste Kleinformat einen Glossisten namens „Cato", der (nicht immer, aber immer öfter) auf den wiederbestellten Claus Peymann eindrischt. Im politischen Teil des Blattes, kurz vorm Tittenbild, entwirft er ein Sittenbild rund um den Burgherrn, daß sich die Balken, die jenem die Welt, der „Krone" aber die Unterwelt bedeuten, nur so biegen. Das Theater, das seit Jahr und nunmehr Stichtag um den Direktor gemacht wird, ist von der krokotränigen Sorge geprägt, ein („Cato") mißliebiger Piefke am Ring könnte die SPÖ bei ihren bekannt burgfanatischen Stammwählern womöglich die Mehrheit kosten.

Folglich drischt der Glossist unter der Parole „Ich mach mir solche Sorgen um den Vranz!" vor allem massiv auf Scholten ein und nennt dessen „Verlängerung" des international nicht allzu kleinen Peymann „erdenfern". Wer die boulevardeske „Bodenständigkeit" etwa des Co-Kolumnisten („Immerrichter") Staberl kennt, darf dieses catogorische Verdikt als Ankündigung eines eigenen Krone-Wahl-Kulturkampfes verstehen.

Für „Mr. Synonym" ist es gewiß verdammt hart, der Beste in einem Blatt zu sein, in dem sich schon jeder Lokalchef als „Herr der Nasenringe" fühlt. Aber „Cato" schafft das in der „Causa Peymann" durchaus, indem er auf die „erdenferne" Entscheidung aus dem Mund des Ministers mit „stammtischnahem" Schaum vor dem eigenen reagiert.

Nun kann man Organisationstalent, Finanzgebaren oder Ensemblepolitik des hochdeutschen Impresarios selbstverständlich auch noch kritisch-fundierter als gar der Rechnungshof diskutieren. Allerdings dürfte es auch nicht schaden, in dieser Debatte den Hauptzweck des

118

Burgtheaters zu reflektieren: staatskritische „Staatskarosse" unter allen Thespiskarren der Republik zu sein, zu werden.

Das lappt voll ins Künstlerische. Dort aber lassen „Cato" und seine Adepten arg aus. Wenn etwa der nunmehr schwarze Bleichenwang Morak, der mir als Rocker unvergeßlich bleibt, pro domo gegen seinen Intendanten wetterte, konnte man neben intimer Feind- auch noch Kennerschaft erahnen.

„Catos" künstlerische Argumente im Rahmen seiner Kampagne „My Burg is my castle!" sind ungefähr so umfangreich wie die inseratengepflasterte Kulturseite seines Organs. Von Literatur und Bühne kann der Mann nicht wirklich Tau haben. Das belegt schon seine Vermutung, „Don Quijote" – mit dem er sich in seinem Windmühlenkampf identifiziert – sei „so etwas wie ein spanischer ‚Faust'".

„Cato" stellt den (ihm) verhaßten Burg-Kastellan ins Eck von Bombenlegern und Mördern: „Peymann versucht... in einem übertragenen Sinn das, was die deutsche Terrororganisation RAF so satanisch getan hat und noch immer tut: Destabilisierung unserer staatlichen Gemeinschaft, Zerstörung des Bestehenden." Genug der Ehre, wie „volksverhetzend" Theater heute noch sein kann! Dagegen ist ja jedes Revolverblatt ein Friedenstauberl!

Fragt sich nur noch, welcher Cato mit „Cato" gemeint ist. Wer seine Lateinmatura nicht „cash" ablegte, weiß, daß es davon zwei gab. Marcus Porcius Cato, „der Ältere", war Censor und ein ziemlicher Reaktionär, der ständig die hellenistische Zivilisation in Rom zur Sau machte. Sein gleichnamiger Urenkel, „der Jüngere", ein überzeugter Republikaner und Stoiker, hielt es mehr mit Brutus und Cicero – und entleibte sich konsequenterweise Caesars wegen.

Ob „maius" oder „minor": Vielleicht könnte Krone-Herausgeber Hans („der Ältere") Dichand, öffentlich weithin als Menschenfreund und Kunstsammler bekannt, seinem „Cato" (Carlo) gelegentlich dahingehend zurückpfeifen, daß selbst Bochumer Menschen – und also nicht zu denunzieren – sind. Und der Verfassungsartikel, wonach die Kunst frei ist, sogar im Burtheater eine „Schangse" haben muß.

Fällt Gott aus allen Wolken?

Meine heutige (25.) Kolumne wollte ich, auch wenn sie mit den Pfarr-gemeinderatswahlen zusammenfällt, keineswegs der bekannt offe-nen Dialogbereitschaft der „polnisch-katholischen" (Amts-)Kirche widmen – schon gar nicht Erzbischof Eder.

Zwar nervten auch mich seine Ministrantinnen-Erlässe oder die himmlischen Expertisen über Hardrock. Aber was den apostolischen Dogmatismus betrifft, tröstet mich der Verfassungsgrundsatz: Reli-gion ist Privatsache.

An einen gewissen „Ayatollah"-Stil hat man sich ja seit Groër & Krenn beinahe gewöhnt. Auch wenn nicht wenige meinen, solche Herrschaftsstrukturen hielten sich jenseits des Vatikans heute nur noch in China oder Haiti. (Ob sich einige Amtsinhaber die Kirche tatsächlich idealiter als eine Art „Platz des himmlischen Friedens" vorstellen?)

Insofern könnte man die gnadenlose Verbannung Bischof Kräutlers vom Rednerpult der „Katholischen Hochschulwochen" als selbstherr-lichen Animositätsakt unseres Kirchenfürsten vergessen. Hat er halt, da die offizielle Begründung der Ausladung mit Formalitäten wie ein Taschenbibeltrick wirkt, die Schrift sehr frei ausgelegt: Wer nicht für mich ist, gegen den bin ich. Man wird schon sehen, ob es religions-pädagogisch zielführend ist, der „Befreiungstheologie" einfach mit einer „Theologie der Meinungsunterdrückung" zu begegnen.

Bischof Kräutler, gottlob kein abgeklärter Kräuterpfarrer, sondern handfester Dschungelkleriker, der das Leben nicht „ex Kathedrale" betrachtet, wird es hoffentlich persönlich wenig kratzen, daß er amts-brüderlich als „linkslastig" abgekanzelt wurde. (Diese Titulierung teilt er ja wohl mit dem demokratischen Gremium, das ihn als Festredner wollte.) Aber die Kirche ist, auch wenn es hier immer weniger glau-ben wollen, weltweit eine bedeutende gesellschaftliche Macht.

Daher ist es keine bloß innerkatholisch-akademische Frage, ob man einen Mann, der in hohem Amt friedlich für die Indios eintritt und auf den deshalb immerhin ein Mordanschlag versucht wurde, bei uns – also in einer Demokratie – im Regenwald stehen lassen darf. Tut man das, erscheint man – ungewollt? – als Befürworter jenes politischen Katholizismus, der in Südamerika noch immer mit den uralten Machtkartellen der Ausbeuter paktiert. Dann beraubt man eine exponierte Symbolfigur des Widerstandes gegen soziale Ungerechtigkeit der christlich-abendländischen Rückendeckung.

Die Herrschaftseliten „drüben" und ihre absegnenden Freunde in der „Kirche von oben" werden transantlantisch applaudieren: Der rebellische Bischof darf nicht einmal bei seinem Salzburger Amtsbruder prominent den Mund aufmachen...

Waren schon die persönlichen Aversions-Argumente unseres Oberhirten gegen Kräutler im erzbischöflichen Amtsblatt (k)eine Offenbarung, sind seine historischen Befunde zum päpstlich verordneten „Columbus-Jubel" ein heute kaum mehr erwartetes Dokument christlich gemeinter Ignoranz und Arroganz.

Für Geschichtslügen aber kann es, anders als in Glaubensfragen, keine Absolution geben.

Wenn Eder etwa behauptet, vor 500 Jahren sei es der Kirche „bestimmt nicht" um „Gold, Macht und Zerschlagung der Kultur" gegangen, frage ich mich: Welche Invasionsarmada, die selbstverständlich auch der Zwangsmissionierung diente, hat der (spanische) Klerus damals gesegnet? Für den erzbischöflichen Laienhistoriker stimmt auch nicht, „daß die Kirche mit den Conquistadores gewissermaßen eine Allianz gebildet hat". Für den Wissenschafter stimmt daran höchstens das „gewissermaßen" nicht.

Vollends zynisch und gleichsam zur Verhöhnung der indianischen Opfer aber wird die Forderung, einen „Genozid in Lateinamerika müßte man erst beweisen". Abgesehen von den vorliegenden Ausrottungsdokumenten: Ab wievielen einzelnen Überlebenden darf denn von keinem Völker-Mord mehr gesprochen werden, Herr Eder?

Es muß auch von einem Erzbischof verlangt werden, daß er sich – ehe er als Geschichtsdeuter und Politiker dilettiert – auch anderswo als in Junta-Schriften oder „Opus-Dei"-Pamphleten informiert: etwa aus UN-Menschenrechtsdossiers oder in Mittelschullehrbüchern.

Da er das offenbar nicht tut, haben wir „Dom Erwins" Tatsachenfeststellungen und Erfahrungsberichte, daß die Indios nach wie vor – und ideologisch gedeckt von hohen katholischen Quislingen – entrechtet, ja massakriert wurden und werden, bitter nötig. Wenn denn Bischof Kräutler in Salzburg ein – von mir aus außerkirchliches – Forum fände, ginge ich sicherlich hin. Und ich wette: Auch viele Katholiken, selbst wenn sie dafür eine lokalpontifikale „Botschaft der Liebe" schwänzen müßten.

Es ist höchste Zeit, das Schweigen der Lämmer zu beenden.

Schusters Rappen

Daß es August ist, erkennt man auch daran, daß die Presse Fotos von Ministern zeigt, die sich als Bergsteiger verkleidet haben. In dieser Zeit strebt die halbe Regierung in noch dünnerer Luft nach neuen Höhen. Auf manchem Steig ist schon jeder Schritt und Tritt von einem Abgeordneten besetzt, dem ein lokaler Sherpa weist, wie wanderbar Salzburg ist.

Gut so: bleiben mehr Devisen im Lande. Ungesichert geht aber bekanntlich keiner. Wie ich dem einzigen News-Magazin Österreichs, also „profil" entnehme, dürfen Mandatare nach dem neuen Bezügegesetz nun sogar fürs Wandern, Radfahren oder Reiten Spesen kriegen. Könnte etwa ein Europarat die Erklimmung des Großvenedigers als „Besichtigung letzter Bergbauern vor dem Sterben" oder ein Nationalrat die Überquerung des toten Gebirges als „Aktives Eingehen auf die Tourismuskrise" glaubhaft machen, wären Gebühren fällig.

„Reise" ist alles, was länger als zwei Kilometer führt. Geht einer gar weiter als 6000 Meter, gebühren ihm 6,40 „erhöhtes Kilometergeld". Nimmt er einen Esel, genauso viel. Aber auch die Höhe wird belohnt: 75 Meter sind soviel wert wie tausend ebene. Dazu ein Trostpflaster, hätte der Wandermandatar einen Rucksack mit Kuli, Block und Stamperl „zw. Vogelbeerstudie vor Ort" am Buckel. So genau regelt die Vorschrift, die Abgeordnete Beamten gleichsetzt, was einem zusteht, der dienstlich geht.

Zufällig zeitgleich mit dem Bezügegesetz erreichen mich „Zehn Gebote gegen Überreglementierung" der ÖVP Vorarlberg. Die letzten drei Punkte lauten: Entspricht die Regelung auch den Gesetzen des Hausverstandes? Ist sie praxisnah? Ist ein (Folge-)Kosten-Nutzen-Verhältnis gegeben?

Mein Gott, sind diese Alemannen weit weg von Wien! Für die geschätzten 17.000 Akte, die bei der Parlamentsdirektion dadurch zusätzlich anfallen, fallen doch auch drei bis vier neue Planstellen ab! Da sage noch wer, die Regierung täte nichts gegen die Arbeitslosigkeit – in der Verwaltung.

Fällt Gott aus allen Wolken? (II)

Ich werde mich hüten, jemandem in seinen Glauben, der bekanntlich Privatsache ist, hineinzureden. Über Dogmen, beispielsweise die „unbefleckte Empfängnis", läßt sich kaum diskutieren: da müssen katholische Gläubige einfach daran glauben. Äußert sich der Staatschef des Vatikans als anerkannter weltgesellschaftlicher Faktor und opinion-leader aber zur keineswegs theologischen Frage der Empfängnisverhütung, erlaube ich mir sehr wohl eine Meinung. Die apostolischen Postulate zur Sexualität erscheinen mir auch jenseits der überbevölkerten, hungernden und aidsbedrohten Drittweltländer als Kondominium von Weltfremdheit und Menschenferne. Auch gewisse Ansichten zur Rolle der Frau weit abseits des Altars können sich gesellschaftlicher Kritik nicht entziehen: sie sind nicht historisch, sondern prähistorisch.

Was die Kirche im Dorf betrifft, bin ich mir ihrer vielen, oft stillen und unbedankten Leistungen – etwa in Krankenhäusern oder Kindergärten, in der Altenpflege oder Familienfürsorge – bewußt. Die Schüllers oder Kräutlers sind hochachtbare „Wertkonservative": Sie leben (ur-)christliche Ideale wie Toleranz und Nächstenliebe nach wie vor. Auf der anderen Seite, nicht nur Engel haben Flügel, ist in der Kirche sozusagen der Teufel los – glaubt man den Schlagzeilen im Vor- und Umfeld der österreichischen Bischofskonferenz.

Zentrale Figur dieser Debatten ist immer wieder Bischof Kurt Krenn, den seine Anhänger als mit ewigen, absoluten Wahrheiten gesegnet sehen, weil er pausenlos allen Schäflein harsch sagt, wo Gott wohnt: in St. Pölten. Kirchenpolitische Gegner halten ihn für ein wandelndes Fettnäpfchen. Sein geschlossenes Weltbild von Amtskirche – Vorschrift ist Vorschrift, und wenn die Welt sich ändert, haben die Realitäten eben Pech – scheut auch keinen Crash mit auf- oder abgeklärteren Amtsbrüdern. So bindet er Heerscharen von Kritikern, indem Kritik an ihm für ihn zum Krenreiben ist – oder er sich gar mit dem leidenden Jesus vergleicht.

Wenn sich ein Mann, der für seinen Leidensweg immerhin einen Chauffeur hat, mit einem realen Opfer der römischen Besatzungsmacht in Palästina vergleicht, halte ich das für keinen Fall für Amnesty, sondern für einen von Amnesie. Ob aber eine solche Übertragungsphantasie an Blasphemie grenzt, ist eine theologische Streitfrage –

ähnlich dem Kommunionsverbot für Geschiedene (Wiederverhei-
ratete), das die römisch-polnischen Dekreteure erlassen haben. Ein
Kommunikationsverbot über Ton und Weise, wie Krenn etwa einen
Diakon öffentlich ultimativ abkanzelt, um ihn als Leiter des Religions-
pädagogischen Institutes von St. Pölten zu entmachten, an dem immerhin auch der Bund beteiligt ist, kann es hingegen nicht geben.

Der nicht unstalinistische Satz „Was katholisch ist, sagt Ihnen in
dieser Diözese Bischof Krenn", mag amtshierarchisch stimmig klingen. Aber welches Muster propagiert er gesellschaftlich? Unterwer-
fung statt Gemeinschaft, Gehorsam statt persönlicher Wahrnehmung. Kusch oder Gusch: hier scheut jemand die Diskussion wie der
Teufel das Weihwasser. Gut möglich, daß es in der Amtskirche keine
Demokratie geben darf. Aber darauf in Zeiten wie diesen noch stolz
sein?

Der Pferdefuß solcher Debattenfinalisierung liegt darin, daß „Ab-
weichler" quasi als Schwefelemittenten verketzert werden. Schon der
Ausdruck „Irrlehren" in diesem Zusammenhang läßt den Kenner der
Kirchengeschichte – Friede der Asche Giordano Brunos! – zusam-
menzucken. Aber auch der Unbewanderte hat das Wort schon gehört: von irgendwelchen Mullahs hinter Bagdad, die auf den Kopf
des Dichters Rushdie keinen Literatur-Preis ausgesetzt haben.

Jesus hat, soviel ich weiß, selbst zu Krenn nicht gesagt: Geh hin
und mach Dir die Herde untertan! Gewiß kann man von einem Bischof nicht erwarten, daß er sich nur leutselig-medienwirksam durch
alle „Seitenblicke" zwinkert. Aber muß die Alternative zu Pater
Paterno deshalb gleich ein St. Pöltner Savonarola sein? Zu schön, um
wahr zu werden: Der Herrgott persönlich fällt seinem Oberhirten
wie Don Camillo ins rabiate Wort – vorbildlich menschenfreundlich,
wie es sich halt für einen Katholiken gehört. Ansonsten besuchen
womöglich bald nur noch japanische Touristen den Dom von
St. Pölten.

Hummerhilfe

Der Verteilungskampf wird europaweit immer härter. Jetzt trifft es sogar Kreise, die noch nie (damit) rechnen mußten! Bekanntlich streiken in Frankreich Brummi-Fahrer und Eisenbahner (für soziale Selbstverständlichkeiten). Schon wird, wenn Münchner Zeitungen nicht lügen, die bessere (also die mehr als gute) Gesellschaft ausgehummert. Ein Hauch von Zaire in den Feinkostläden: keine Jakobsmuscheln mehr! Die Härte für die Champagner-Brut auch an der adventlichen Austernfront: Statt „Belons" nur noch Sylter „Royal". Im „Tantris" ist man gar auf die Renke gekommen, seit der bretonische Rochenflügel ausbleibt, nur weil der starke Arm des Chauffeurs es will!

Was soll das für ein Fest werden, wenn noch 250.000 Flaschen Champagner fehlen, die womöglich nicht rechtzeitig eintreffen? Wir lernen wieder: alles ist vernetzt. Gott sei Dank merken es in diesem Fall so viele gar nicht.

Nachdem auch die Ignoranz europaweit vernetzt ist, können wir nur hoffen, daß deren mögliche Folgen auch nur wenige zu spüren bekommen: eben stimmten fünf EU-Mandatare der ÖVP in Brüssel pro Atomindustrie. Sie votierten brav mit der „Fraktion der Europäischen Volkspartei" für weitere Milliarden (auch aus unserer Staatskasse) an „Euratom" – einem Instrument der Atomlobby. Gewiß im vollen Bewußtsein, damit ureigenste österreichische Interessen „vertreten" zu haben.

Die roten, blauen, grünen und gelben Abgeordneten stimmten dagegen. Hätten nur vier Schwarze weniger das Händchen gehoben, hätte aus „Euratom" eine Agentur zum Abbau der AKW's werden können.

Insbesondere die linientreue Stimmviecherei der „kompetenten, unabhängigen" Quereinsteiger gibt Hoffnung für all die Jahre, die sie noch für uns in Brüssel abhocken: Sollte demnächst wieder irgendwo was in die Luft fliegen, können sich hierorts vor allem 18.500 Vorzugsstimmenverleiher bei Stenzel Ursula und Habsburg Karl direkt bedanken.

Wenn sie dann noch können.

Mit Niederschlägen
ist zu rechnen

Blut und Loden?

Selbstverständlich gibt es Probleme, wenn auf einem Kontinent neue Grenzen gezogen werden, Kriege Flüchtlinge erzeugen und Völkerwanderungen auf der Suche nach Arbeitsplätzen in Gang kommen. Aber man macht die – unfreiwilligen – Wanderer und Vertriebenen zu Sündenböcken – etwa jener Wohnbaustrategen, die jahrzehntelang zu keinem sozialen Wohnbau fähig waren.

Auch unsere (Asyl-)Politiker sind Monumente. Monumente, wie aus Schleim gemeißelt. Aus Angst vor dem Karawankenrambo betreibt man gegenüber den Fremden Winchester-Liberalismus. Aussperren, Zusperren, Einsperren ist die Faust-Regel im Umgang mit Ausländern, die nicht Devisen, sondern schulpflichtige Kinder bringen. Manche wundern sich überhaupt darüber, daß Menschen kamen, obwohl wir nur billige Arbeitskräfte riefen.

Das brutale Spiel mit der Angst vor Inländerarbeitslosigkeit durch Ausländerbeschäftigung ist statistisch verloren. Was geschähe wirklich, bekämen erst dann wieder „Gastarbeiter" hier Jobs, wenn kein Österreicher mehr stellenlos ist? Bis dahin macht die Gastronomie dicht, urlaubt die Müllabfuhr und steht das Baugewerbe. Kein BMW fährt ohne Ausländer – sagt der BMW-Direktor in München.

Abgesehen davon, daß jeder Arbeiter wissen müßte, daß man die eigene Ausbeutung am besten durch Solidarität mit anderen Bedrohten bekämpft: Hinter jedem Schwarzarbeiter steht ein Schwarzarbeitgeber, der zu belangen ist.

Dieweilen aber feiert ein sepplhosiger Post- oder Neofaschismus schizophrene Urständ'. Bierdumpfe Sperrstündler und runenverzierte Skinheads stänkern am Würstlstand – „Bosna" und „Krainer" mampfend – nach zuviel „Budweiser" und Barack gegen den zeitungsaustragenden „Mufti". Gepflegte Trachtenjankerträger, beruflich Hintangestellte nicken beifällig und hetzen in mentaler Talschlußpanik gegen die „multikulturelle Gesellschaft".

Abgesehen davon, daß sie schon allein durch die EU nicht aufzuhalten ist, besteht der dringende Verdacht, daß solche Hetzer nicht nur keine „Multikultur", sondern gar keine wollen. Die Fremdsprachlosigkeit solcher Schollenkleber korrespondiert mit ihrem politischen Analphabetismus. Das einzige Wörterbuch, das sie kennen, ist jenes des Unmenschen. Anstatt froh zu sein, daß es zur Abwechslung Buzuki statt Zither gibt, wagen sie keinen Blick über den Sterz-tellerrand: Könnte die Begegnung mit dem „Fremden" die eigene Beschränktheit blitzartig klarmachen? Ist „der" blond-blauäugige Schwede, der allwinterlich Saalbach leersäuft und Hinterglemm voll-kotzt, weniger „fremdartig"? Nicht nur Deix-Typen spielen Blut- und Lodenschützer. Beim Nobelitaliener fallen beim Tiramisú auch unter Armani-Bürgern Sätze wie „ich persönlich habe überhaupt nix gegen Neger (Juden, Rumänen ...) – ich mag sie nur nicht." Demokraten (oft bis weit über Mitternacht hinaus) gestehen nach dem dritten Wodka „Yugos" gnädig zu, „auch Menschen" zu sein. Lebenslanges Urlaubsverbot für diese Gesellschaft im Ausland, wo sie die Inländer nerven!

Keine Angst herrscht offenbar vor der „existierenden Unteröster-reicherung" – als Gegenbegriff zur „schleichenden Überfremdung" – durch den Imperialismus der Multi-Kultur: Hamburger im Magen, stellt man sich um „Terminator"-Karten an. Kein Protest gegen das dodelhafte Gedudel auf Ö3, gegen die Vermoikung der Volksmusik oder den seriellen Ramsch auf der heimischen Mattscheibe. Türken raus – „Turtles" ins Video!

Historisch haben die Fremdenfeinde keine Ahnung. Den völkisch-nationalistischen Abgrenzungswahn gibt es erst seit dem 19. Jahrhun-dert, und wohin er führt, erzählen nicht nur unsere Kriegerdenkmäler. Wir waren immer ein Durchzugsland und sind ein klassisches „Misch-volk". Inzest macht blöd. Man möchte diesen (noch verhinderten) Rassehygienikern zurufen: „Ohne ‚Slawenblut' kein Waggerl!" Aber was zählt hier historisch-sozialpolitische Logik ... Man sollte also die Ausländerfeindlichkeit – als Vorstufe des Fremdenhasses – endlich einfach als das klassifizieren, was sie ist: Menschenverachtung.

Die Herabwürdigung von Symbolen ist strafbar. Die tägliche Her-abwürdigung von Mitbürgern wird gar nicht bis lax geahndet. Das Tier- und Artenschutzgesetz funktioniert besser, jedes Maiglöckerl scheint behüteter als ein Kurde.

Wer sich in der „Ausländerfrage" inhuman äußert oder verhält, muß endlich massiv geächtet werden. Er ist nicht bloß theoretisch, sondern auch praktisch: Nicht gesellschaftsfähig.

Die Aufbindung des Bärentalers

Haider hält, wofür ich ihn halte: für die politische Klonung von Hias und Hiob, die Personalunion von Kassandra und Gaudimax. Eben hat er sich wieder mit markigen Stammtischsprüchen zur „Ausländerfrage" zurückgemeldet.

Jeder seiner Sätze ein uralter Bekannter: nicht wenige schon seit über tausend Jahren falsch. Einige – wie etwa jene von der „ordentlichen Beschäftigungspolitik" der alten Nazis – siedeln ihn direkt an der Grenze zwischen „Vollblutpolitiker" und „Voll-Blut-Politiker" an. Der Sekretär der ÖVP hält H. deshalb zu Recht für einen „Fall für die Justiz": das Delikt heißt „Wiederbestätigung". Meischberger, der intellektuelle Bubi-Kopf der FP, assistiert seinem „Gröfaz" mit dem unwiderlegbaren Satz: „Die FPÖ ist kein Geschichtsaufklärungsverein." Heißt das, sie sei ein Verein zur Geschichtsklitterung? Und ich glaubte schon, der blaue Wort-Führer hätte seine Unterschrift unterm Parteienabkommen (zur Bekämpfung des Rechtsradikalismus) nach den Briefbomben tatsächlich ernst gemeint!

Irrtum: auch ein Rottweiler kann zeitweilig wie ein Streicheltier wirken – dennoch darf man ihm in Gesellschaft weder Leine noch Beißkorb abnehmen. Das zeigt sein Mölzern über die „Fremdengesetze", mit dem er Wahlkampf betreibt. Die Bierzeltlogik des Serientäters H., früher nannte man das Volksverhetzung, hat etwas vom intellektuellen Standard des Schlachtrufs „Deutsche – Yugos, Neger und Italiener nehmen Euch Eure Frauen weg!"

Insbesonders jetzt, da der Erbmillionär und Großgrundbesitzer sich als Sozialpolitiker und Rächer der Freigestellten maskiert, erfreuen Umfragen, nach denen kaum jemand dem Karawanken-Rambo Regierungsverantwortung zutraut. Auch wenn gewisse Denklegastheniker den Blut- und Loden-Sprüchen wahlkampfrauschig zujubeln: der Bärentaler ist nicht salon-, sondern bestenfalls saloonfähig. Angeblich ist er „eines der größten politischen Talente unserer Zeit". Die muß arm dran sein, wenn die schärfste Waffe gegen Haider darin besteht, ihn zu zitieren.

Betrachtet man den yuppialen „Siegermythos" nicht völlig blauäugig, provoziert die sagenhafte „Erfolgsbilanz" des freiheitlichen Wortführers vor allem die Frage: wer frisiert sie? Besteht politische Talentiertheit etwa darin, bei der ersten Gelegenheit, sie kärntenweit zu zeigen, ganz schnell aus dem Amt zu fliegen? Immerhin gelang es H. in kurzer Zeit auch, die grenzenlos liberale Internationale durch waffenscheinpflichtige Sprüche rasch zum Ausschluß der FPÖ zu überreden. Und was seinem Begriff von innerparteilicher Demokratie betrifft, gibt es österreichweit keinen Parteiführer, dessen Weg mehr politische Leichen pflastern. (Heide Schmidt zu einer eigenen Partei verholfen zu haben, halte ich allerdings für einen seiner größten Erfolge.) Neben seiner Rolle als außenpolitischer Wetter*fähnrich,* man denke nur an sein Rotieren in EU-Fragen, profiliert er sich bei aller aktenkundiger Parlaments-Abstinenz immer wieder auch als innenpolitischer Panikmacher. Blaue Schale, harter Kern! Alles salopp-plakativ, stets im Outfit irgendeines Lagerfelds. Aber ändert zeitgeistiger Anstrich irgendetwas daran, daß derlei programmatische „Novitäten" direkt aus dem ideologischen Jurassic-Park stammen? Auch ein historischer Analphabet wie Gaugg, der sich „Nazi" opferverhöhnend „neu" buchstabieren traute, fällt bei solcher Grundierung keineswegs aus dem Rahmen. Das übliche zynische Hinterher-Gerede dieser verbalen Wiederholungstäter, man sei „mißverstanden" worden, geht mir nur noch wie Blausäure runter.

Auch das ideologische „Jungvolk", das in der Zentrale verblieb, „modernisiert" keine Uralt-Partei. Eine derartig kritiklose Ministrantenschar, die bloß nickend an H's Lippen bzw. D-Netz hängt, findet man nicht einmal mehr in den traditionellsten Großparteien. Nicht zufällig hat sich der Begriff „Buberl"-Partie eingebürgert: Game-Boys, die auf „Super-Jörg" programmiert sind.

Mag sein, daß die Welt ein Dorf geworden ist. Aber wer will vorschreiben, daß sie deshalb zu einem Bärental werden soll? Und jeder Nachdenkliche zum Dorftrottel?

Ein E für ein U vormachen...

Während ich diese Kolumne schreibe, quält sich ein Drittel der Regierung in Belgien durch „Marathonsitzungen". Wiewohl um Quoten, Kies, Begleittexte und sonstige teuflische Details – von der Mutterkuhförderung bis zur Mehrwertsteueranpassung – gewiß noch tränen- und geldsackfördernd gefeilscht wird, wurde das „End(!)Ergebnis" bereits von allen Unter- und Oberhändlern verlautbart: Österreich kriegt seinen Beitritt.

Daß die beamteten österreichischen Eurokraten, die ja künftig ihre Diensteide direkt auf die EU ableisten müssen, Brüsseler Spitze sind, kann nicht verwundern: waren doch auch ihre politischen Noch-Chefs in allen lebenswichtigen Fragen (Beispiel „Neutralität") immer wieder Monumente festester Überzeugung – wie aus Schleim gemeißelt.

Zwar lassen einige unserer koalierenden EU-Phoriker – insbesondere seit dem Volltreffer der Tell-Enkel – neuerdings einige markige Worte von wegen „Verhandlungshärte" fallen. Aber die jahrelang bewiesene Elastizität der diplomierten Bittsteller – gehen gestandene Minister in Brüssel noch aufrecht? – garantiert, daß man uns zwischen allen „harten Brocken" doch noch in den berühmten abfahrenden Zug quetschen wird. Der Trost für jene, die dabei unter ihn geraten: immerhin fährt er pünktlich ab: in den bürokratie-freien Binnenmarkt, wo Milch und Honig fließen, zur ökologischen Musterfarm im demokratiepolitischen Disneyland.

In fleißiger, dreizehnmonatiger „Rekordzeit" wurde der faule Kompromiß zwischen Staatenbund und Bundesstaat herbeigehudelt, haben sich der (sogar dem eigenen Volke) vorauseilende Anschlußgehorsam unserer Volksvertreter und das EWR-Interesse, den Binnenmarkt endlich auch politisch abzuschließen, auf halber Strecke getroffen.

Nicht Nationen haben sich basisdemokratisch vereint, sondern Regierungen zum Zweck der Absicherung einer Multi-Kultur liiert. Die Baupläne zu diesem endgültigen „Haus Europa" stammen aus den Laden der Chefstrategen der Großkonzerne, traditionell ein Völkchen ohne (Wirtschafts-)Raum. Nach Rom, zu den gleichnamigen Verträgen, führten noch Wege: nach Brüssel Kriechspuren.

Die regierenden Aus-Händler setzen freilich unbelastet auf den „Figl-Effekt" (mit ein bißl Reblaus zieht austriakische Bauernschläue jeden Brüsseler Vollkoffer über den Verhandlungstisch) und glauben beitrittsfest, ihr Hurra-Internationalismus überwände automatisch jeden kleingeistigen „Nationalismus". Gleichzeitig wird mit dem „Zwentendorf-Syndrom" gedroht: Auch damals wurde Österreich die totale Finsternis prophezeit, gäbe das Volk nicht grünes Licht.

Darf man als nicht ministeriell abgesicherter Lohnabhängiger etwa keine Beitritts-Bedenken haben – wenn selbst der Gelegenheitsironiker Kohl schon den viermillionsten Arbeitslosen als Zwangsmitglied im „kollektiven Freizeitpark Deutschland" begrüßen muß?

Die bedingungslosen Propagandisten unseres Beitretens irritiert keineswegs, daß sich 70 Prozent der InländerInnen „schlecht informiert" fühlen. Schließlich können sich die koalierenden Ja-Sager jederzeit weitere Millionen unserer Steuergelder für allfällige zusätzliche Überredungskampagnen bewilligen. (Schon bisher hätte jeder, der sich die Pro-Werbung dieser Großmeister intellektuellen Minimalismus ansah, eine Spendenquittung kriegen müssen!) Und der Küniglberg, stets eine Hochburg des Meinungspluralismus („Ja zur EU!"), wird gewiß auch in Zukunft freiwillig gratis mitmachen.

Dennoch sei daran erinnert, daß dem Boten aus Marathon, der auch einen Sieg verkündete, letztendlich daheim die Luft für immer ausging.

Ich habe Angst vor dem 13.*!

Jetzt endlich, nach 200 Mille aus unseren Taschen, fühle ich mich von meiner Regierung echt „informiert": Alles paletti mit der EU, Milch & Honig – was sonst? Jeder Minister haftet, rückengedeckt von jenen euphorischen Abgeordneten, die einen 700-Seiten-Jahrhundertvertrag locker übers Wochenende checken, persönlich für mein künftiges Wohl. Für solch zweifelsfreie „Infos" an ihre Zwangsmitglieder legten auch die sozialpartnerschaftlichen Amtsinhaberer nocheinmal 100 Mille drauf. Und wo noch marginale Fragen offen blieben, zerstreuten mich weltliche Experten – von Barbara Wussow bis Udo Jürgens – oder die jenseitige Fraktion von Pater Paterno bis Otto Habsburg.

Nun glaub ich ja einer solch tonnenschweren, omnipräsenten Super-Wahnsinn-Megageil-Reklame nicht einmal beim Kauf einer Büroklammer. Aber selbst wenn irgend jemand durch den Beitritt verlieren sollte, was ich nach aller gottoberster Aufklärung ausschließen muß, steht ein Gewinner schon vor dem 12. 5. fest: Die Werbewirt-

---

* Am 12. 5. 1995 wurde in Österreich über den EU-Beitritt abgestimmt.

schaft, die sowohl bei den Ja-Sagern (mehr), als auch (weniger) bei den Verneinern abkassieren konnte. Hoffentlich liegen schon Anschlußgeschäfte für die schrecklichen, inseratfreien und plakatlosen Tage danach vor.

Im Laufe der „Propagandaschlachten" in diesem Feldzug „pro bonum – contra malum" kam ziemlich viel Schwach-Sinn zutage, zu Prospektehren oder ins Hauptabendprogramm. Wobei die bekanntlich völlig emotionslos-sachliche Regierung selbstverständlich recht hat, daß die Wirr- und Hitzköpfe, Angsthasen und Hinterwäldler von EU-Skeptikern nichts als Greuelmärchen verbreiteten – denen sie mit nichts als ein paar vereinzelten Handzetteln, Spots, Gratisflügen, Köfferchen oder Kleinplakaten der objektiv-kritischen Agentur „Lob & Hudel" entgegentreten konnte. Womöglich haben einige der derart entnervten und von Lug und Druck verfolgten Minister schon vorbeugend – sagen wir in Brüssel – um Asyl angesucht?

Nachdem dieser geringfügige Personal- und Materialeinsatz der Koalition die Abstimmungsprognosen nur geringfügig verbesserte und sie erkennen mußte, daß „Volk" doch nicht von „folgen" kommt, blieb ihr keine Wahl, als zu letzten Mitteln zu greifen.

Grenzten schon die vorherige „Informations"-Politik an „Nötigung" und jeder Propagandaslogan an Körperverletzung, ist jetzt der Tatbestand der „öffentlichen Erpressung" fast erfüllt: Der Außenminister malt, trotz Bandscheiben-Vorfall, den Rückfall in die Steinzeit an alle Plakat- und Leinwände; der Verteidigungsminister sieht uns präventiv von sämtlichen Liechtensteinern überrollt; der Wirtschaftsminister erklärt den Arbeitsmarkt zur Schlacht-Schüssel; der Innenminister ängstigt mich mit weiteren Millionen Albanern, die er einlochen und abschieben muß; der Finanzminister erläßt mir für mein „Ja" die Steuern, erhöht sie mir aber bei „Nein" unbedingt; der Vizekanzler schreckt mich mit dem Schicksal des Dritte-Welt-Landes Schweiz – und Vranz, Tommy und Krenn entziehen mir überhaupt urbi et orbi jegliches Wohlwollen, sollte ich mich nicht ohne Wenn und Aber mit ihnen abstimmen. Da ertrage ich ja, nachdem ich schon einmal „Naja" zu Europa gesagt habe, noch leichter, daß mich Frau Ederer, die gewiß für diese Art von Aufklärung bezahlt wird, rhetorisch abwechselnd als Neonazi oder Altstalinist abwatscht!

Wer will mich (noch)?

Zu Recht übertitelte ich meine letzte Kolumne: „Ich habe Angst vor dem 13.!" Zwar hat wenigstens der Kanzler an diesem Tag großflächig annonciert: „Allen, die mit „Nein" gestimmt haben, möchte ich versichern, daß es heute keine Sieger und keine Verlierer gibt." Aber der mediale Rest taumelte summa summarum so siegestrunken, als hätte Österreich die Fußball-WM gewonnen.

„News" zum Beispiel zeigte fünf Politiker in Victory-Pose: und setzte das mit „Österreich jubelt" gleich. Am klein-formatigen Boulevard setzte es diverse Nachschläge, etwa für Wissenschafter, die nicht so euphorisch auf den Blattstrich gingen. Gleich verbunden mit der Aufforderung an den Wissenschaftsminister, die skeptischen Uni-Deppen „auszumisten". (Existieren womöglich irgendwo schon schwarze Listen?) Andere Blätter verbreiteten balkendick, daß im „Lager" der Befürworter Österreich sei – und outeten damit die (heimlichen) Nein-Sager als vaterlandslose GesellInnen. In der Außensicht, sagen wir von außerhalb Europas, könnte man diesen Organen nur eines entnommen haben: Seit dem 12. ist unser Mutterland tief gespalten. Zwei Drittel eilen mit vollgepackten Aktenkoffern in die (einzige) Europäische Zukunft, ein Drittel, die Niedergestimmten, bleiben als Vollkoffer in der Steinzeit.

Auch moralische Zensuren an „Verlierer" durften da natürlich nicht fehlen. So konnte unser aller Mock noch am Abstimmungsabend seinen Glauben nicht verhehlen: „Die Österreicher sind besser, als sie selbst glaubten. Sie sind noch besser, als sogar ich geglaubt habe!"

Das unterstellt zwar – mit nicht geringer Selbstüberschätzung –, jeder Österreicher hätte ohne den Zuspruch irgendeines Ministers weder Selbstwertgefühl noch gute Qualitäten. Paßt aber vorzüglich zur Methode, sich gleich alle Ja-Stimmen zum Beitritt als Beitrittsformulare zur Großen Koalition unter den Nagel zu reißen. Vielleicht wäre es im Sinne politischer Demut angebrachter, solche Regierungsmitglieder pilgerten mit Yes-Gitti nach Mariazell, anstatt um die Teilnahme an der Autogrammstunde des Beitritts zu streiten? Da muß man dem gewiß unverdächtigen Wiener VP-Obmann schon recht geben: „Ohne Wenn und Aber ist ein Begriff aus der Unterwerfungsterminologie und völlig unangebracht."

Höhepunkt der triumphalen Ausgrenzung aber war zweifellos das Statement S. M. Thomas d. I. Der Bundespräsident meinte, daß es „nur eine Partei gibt: die Österreich-Partei!" Bei aller willhelminischen Griffigkeit dieses Gedankens: bedeutet er, daß jeder Österreicher, der den Kopf geschüttelt hat, nun staatenlos wird?

Ich kenne schon auch noch andere Parteien. Zum Beispiel jene (ohne Sekretariat), die trotz der schildlausigen Argumente des tüchtigsten Wahlhelfers der Regierung, Jörg Haider, „Nein" gesagt hat. 46 Prozent dieser Drittel-Partei kommen sogar aus der großen Koalition. Soviel Leser hat nicht einmal jenes „Billigblatt", das kläglich alles an Meldungen der Agentur „Grauen & Grusel" über die EU apportierte! Die Mitglieder dieser Gruppierung sind, entgegen der Meinung der Meinungsforscher, auch keineswegs allesamt „depressiv, jung, ungebildet, kleinmütig oder Beitrittsverlierer".

Nehmen Sie als Beispiel ruhig mich. Ich habe ausreichend Schulen besucht und verdiene seit 20 Jahren mein Geld in der EU, war also als selbstbewußter Austriake schon Europäer, bevor mich die Regierung plakativ dazu machte. Auch wenn ich jetzt womöglich zu den „schlechteren" Österreichern zähle, teile ich den gängigen Hurra-Patriotismus bzw. -Internationalismus nicht. Ich halte es mit der blauäugigsten Europäerin, Heide Schmidt: „Auch wenn hundertmal eine Volksabstimmung für die Todesstrafe ausginge, würde ich weiter gegen deren Einführung sein."

Aus meiner Sicht war das beste an der Abstimmung, daß sie so eindeutig ausfiel. Müßig zu betonen, daß ihr Ausgang anzuerkennen ist. (Was sonst? Ein paar aufrechte Grüne als Stadtguerilleros?) Aber ich habe mir alle Versprechungen der Regierung und der Wirtschaft gut aufgehoben. Jetzt kommt die Zeit des Einlösens. Bin ich gespannt!

Österreich zuerst!

Nicht nur deshalb, weil ich eben in Württemberg einem Meisterkoch, dessen Himmel voller Sterne, Hauben und Löffel hängt, über die Schulter schauen und einige Kniffe seiner raffiniert-einfachen Kunst abschauen darf, denke ich an das langsame Verschwinden der österreichischen Küche aus ihrer Heimat. (Wie jede „Große Küche" geht auch jene besagten Meisters nicht in einem falschverstandenen Internationalismus auf, sondern besinnt sich der besten regionalen Traditionen: gestern gab es als Hauptgang beispielsweise „Kalbsschulter, auf Kartoffeln und Schalotten geschmort".)

Will ich daheim auswärts essen, erlebe ich – wie viele – eine seltsame Polarisierung des Angebots. Einerseits listen uns die diversen Restaurant-Führer alljährlich mehr KönnerInnen auf, die imstande sind, in jeder Hinsicht nicht alltägliche Gaumenkitzel aufzutischen.

Andererseits fehlt dieser hochgepriesenen wie hochpreisigen Spitzengastronomie landauf landab schön langsam die Basis: die solide Wirtshausküche, deren Werktags-Kost nicht die Welt kostet und dennoch nicht bloß zur Magenfüllung dient. Die Adressen solcher Herde werden inzwischen wie Kassiber gehandelt.

Ein gutes Essen hat nichts mit Kult zu tun, sehr viel aber mit Kultur. Die Besonderheiten einer regionalen Küche stiften Identität, das Kochen gehört zur Brauchtumspflege.

Eine „Hochrippe vom Agnus-Rind" kriegst du auch im Pinzgau. Für ein „Erdäpfelmus" gehst du meilenweit. An den Ufern der Tennengauer Salzach wimmelt es von Petersfischen. Aber eine Wurst vom Tauernlamm ist dort schon eine Seltenheit. Handgewuzelte Mohnnudeln sind am Aussterben. Dafür wuchert auf den Speisekarten das Mango-Kiwi-Parfait. Und wo kann ich in der Stadt spontan einem Ami-Freund eine ordentliche gefüllte Kalbsbrust verschaffen? Ein brauchbares Gulasch mit Nockerln, mir ein Reis- oder Krenfleisch?

Was ich jederzeit kriege, sind „Jägerschnitzl" (hergestellt aus welchen Jägern?), „Berner" Würstl, die in der Schweiz keiner kennt, Oxtail claire (aus der Dose) sowie jede Menge Tiefkühl-Kroketterie, unvermeidlich garniert mit öligen Lappen von Büchsenpaprikas. Das ist die Verwechslung von „schneller Küche" mit Fast-Food. So verkommt das Wirtshaus zum „Inn" oder „Pub", also zum reinen Feucht-Biotop, in dem man stehend das Flucht-Achtel zischt: zum Essen muß man heim.

Über die an Prostitution grenzende gastrosophische Anbiederung an die vermeintlich ehernen Gesetze der Tourismus-Wirtschaft ist viel geredet und – auch von verzweifelten Wirten – gejammert worden. Viel (österreichisches) Selbstbewußtsein hat sich abseits der regionalen Gourmettempel nicht ausgeprägt. Keinem Land-Wirt der Provence würde es einfallen, Sushi zu bieten, bloß weil jede Woche einige Busladungen Japaner vorbeischauen. Wir verleugnen den Fleischkrapfen vor den Touris. Ich würde mich schön bedanken, setzte mir eine toscanische Trattoria-Mama anstelle ihrer Lokalkreation einen Tafelspitz vor. Kein Schweizer Koch deutschte sein „Rösti" ein, keine schwäbische Karte erklärt, was „Buabaspitzle" sind.

Bei uns wird ein „Rauchkuchlknödel", so er auftaucht, in Klammern übersetzt, als handle es sich um eine exklusive Rarität aus der Geheimküche Kastiliens. (Im übrigen ist auch manch lukullisches Mikado der Nobelgastronomie nicht vor humoriger Provinzialität gefeit: was ist schon eine „Potage de pommes de terre aux cèpes fraîches et marjolaine"? (Eine simple Erdäpfelrahmsuppe mit Steinpilzen, wie sie meine Mutter genial macht.)

Im Zuge des Anschlusses an Europa ist viel von „Werten des Regionalismus" die Rede. Kulinarisch wird von ihnen, stirbt das einfach-gute Wirtshaus weiter, nicht viel übrigbleiben. („Maastricht" klingt schon nach Eintopf, zu dem wir jetzt unseren Mostrich geben.) Ich rieche den Braten, den uns die Food-Konzerne kontinentweit einheitlich servieren möchten: die finanziell optimale Tierkörperverwertung mit Fertigtunke, die unsere Zungen an internationale Restaurantketten legt. So wie das EU-Norm-Obst alle unsere Apfelsorten verdrängte, wird bald kein Inländer mehr wissen, was ein „Weinbeuschl" ist, geschweige denn, wie es schmecken kann.

Damit wir einander nicht falsch verstehen: ich fühl' mich bei einem guten Griechen oder Türken wohl, ich schätze manchen Chinesen, und ich weiß, daß sich die sogenannte „österreichische Küche" aus der Multi-Kulti-Küche der Kronländer entwickelt hat.

Aber ich sehe überhaupt nicht ein, daß vor lauter Schielen auf den touristischen Euro ein saftiges, knuspriges Schnitzel kaum mehr zu finden oder erschwinglich ist. Wann kommt Großmutters „Vanillerostbraten" auf die Rote Liste der aussterbenden Arten, sich nicht nur den Bauch vollzuschlagen, sondern ein Stück (österreichischer) Kultur zu genießen?

Lug und Druck

Seit ich diese Kolumne schreibe, lese ich noch mehr Zeitungen als früher. Selbstverständlich alle größeren österreichischen, aber auch etliche ausländische von Format.

Zur Pflicht – ich finde jedes humorbegabten Menschen – gehört aber auch das Blättern im Kleinstformat, das in dieser Stadt in einer provinziellen Mutation erscheint. Das Reinschauen, allzuviel an Lesen wird ja wirklich nicht verlangt, ist ewiger Quell der Heiterkeit, zwar nie satisfactions-, aber stets satirefähig. Litte ich Mangel an spottträchtigen Themen: dieser Journalismus lieferte sie. Als Jäger des verlogenen Zitatenschatzes könnte man mit der täglichen Beute locker ganze Kabarettabende bestreiten.

Dabei schätze ich den Geist und die Haltung mancher Redakteure und Kolumnisten dort. Und will also keineswegs alle über jenen Kamm scheren, der ihrem lokalen Schriftleiter pausenlos schwillt. Denn nur der Filialleiter des deutschwiener Konzerns bringt mit seiner Glossenschreibe den vollen Spaß. Greift er – wenn auch inhaltlich wie sprachlich daneben – in die Tasten, feiert ein Immer-Richter Urständ'.

Dieser Meister der Silbe leistet (sich) lokal das, was der berüchtigte Wind-Reimer flächendeckend leistet: die Komplexität der Welt auf die Schlichtheit des Holzschnittes zu bringen, den Holzweg des eigenen Denkens auf Kastelformat zu miniaturisieren. Ist jener ein Wiener Achill der Verse, ist dieser vor Ort der Wolf der Meinungsprosa. Aus dem, was anderswo Berichterstattung heißt, wird da Bericht-Bestattung: eine selten schöne Leich'.

Die moralisierende Sprache des Gazetten-Capos, die keine Scham vor tiefstem Pathos kennt, erinnert im Duktus stets an Kriegserklärungen an einer phantasierten Heimatfront. Den skandalisierenden Appellen seines gewiß immer gesunden Empfindens fehlen zum Mobilmachungsaufruf nur noch Überschriften wie „An meine Völker!" oder gleich am besten: „Seit Andruck wird zurückgeschossen!" Titelt er – wie neulich – „Aus der Seele gesprochen", möchte man eigentlich nur noch „Karl Kraus" voranstellen: und fertig wäre die unfreiwillige Fortsetzung der „letzten Tage der Menschheit" zu den „allerletzten Minuten des Journalismus".

Der lokale Staberl-Imitator ist die Wiedergeburt der Schalek aus dem Geiste des totalen Medienkriegs. You remember Alice Schalek?

Die stereotyp-hetzende Schützengrabengeilheit der Frontberichter-statterin im Weltkrieg 1 wurde durch Kraus auf ewig entlarvt: als warnendes Muster menschenverachtenden medialen Geiferns. Die männliche Schalek hier und heute ist an ihrer Heimatfront nicht minder eifernd. Unermüdlich schleudert unser ländlicher Sittenrich-ter der Verderbtheit der Salzburger Menschheit seine zornigen Gei-stesblitze entgegen, nimmermüd verfolgt sein blockwarthartes, aber gerechtes Diktat die (logo: linke) „Schicki-Micki"-, „Kultur"- und sonstige „Mafia", die seine Paranoia an allen Ecken (er)findet.

In Wahrheit fängt der Skandal dort an, wo ihm eine Skandalpresse ein Ende bereiten möchte. Untragbare Sesselkleber haben die spitze-ste Feder verdient, bis sie aus ihren Stühlen hochschrecken. Aber mediale „Vernichtung" ist höchstens die Folge einer Verwechslung von „Boulevard" mit „Gosse". Sich gegen diese Verbal-Rambos zu wehren, kann nicht nur Sache der unmittelbar Betroffenen sein. Es ist ein Akt gesellschaftlicher Psychohygiene.

Der Lokalteil-Zar dieser Klatsch-Presse, die Eifer mit Geifer ver-wechselt, tönt zwischen posierenden Nackedeis und ausgesetzten Siamkatzerln moralisch: „Wir kämpfen mit der Wahrheit gegen den Mißbrauch der Macht." Abgesehen davon, daß der Presserat darüber regelmäßig eine andere Meinung hat: Ist es für diesen Kraus des Analphabetismus denkbar, auch mit Halb- oder gar Unwahrheiten zweifelhaften Machtgebrauch zu bekämpfen?

An anderer Stelle beklagt sich der örtliche Statthalter der Sex-and-Crime-Postille krokodilstränig, daß („aus dem Ausland importierte") Salzburger Publizistikprofessoren die DIN-A4-Kampagnen als maßlos übertrieben, in der Wortwahl inhuman und strukturell machthungrig klassifizieren: „So wird unberechtigter Haß gegen unsere Zeitung geschürt." Bedeutet dieser Verplapperer, daß es einen berechtigten geben kann? Etwa jenen der Opfer dieser rhetorischen Lynch-Akte?

Hauptsache: „Wir sind im Lager der anständigen und braven Menschen in diesem schönen Land", wie der tapfere Rächer unserer täglich geschändeten Heimat so tüchtig dichtet. Während du und ich, sofern nicht Abonnent solcher Glossolalie oder womöglich gar zwei-mal nicht einer Meinung mit diesem Chefmagazineur, logischerweise nur zu den moralisch und politisch verkommenen „Untermenschen" in diesem Kronland gehören können. Dieses Kreuz, fürchte ich, muß ich auf mich nehmen.

Viel wichtiger aber als die Feststellung, daß auch der Spitz vom Wolf abstammt, ist die Frage: Regiert in Salzburg ein Senat, der sich in freien Wahlen regelmäßig zu verantworten hat? Oder bereits der Ableger eines Meinungskonzerns, der seine Milliardenmacht, die zur Hälfte aus Deutschland stammt, in pure Machtworte ummünzt? Kneift der Bürgermeister vor wildgewordenen Kleinbürgern eines publizistischen Substandards, der den Kärntner Wolf im Blauschal an Populismus übertreffen will? Hat die Mehrheit der Salzburger Stadtväter und -mütter einen – einzig von uns WählerInnen einklagbaren – Handlungsauftrag? Oder gibt sie ihren Sachverstand ab sofort im Vorzimmer einer tippenden Wiener Marionette ab? Sind bald nur noch Verbalputschisten am Wort, oder darf es auch noch das (von uns bezahlte) Stadtparlament gewählt ergreifen und unabhängig vom Druck irgendwelcher Druckwerke entscheiden? Ersetzt womöglich Ruf-Mord irgendwann jede Stimm-Abgabe? Haben Bürgermeister und Vizes noch andere Auflagen als jene von Revolverblättern im Kopf?

Es besteht ein qualitativer Unterschied zwischen „unerschrocken aufdecken" und „erschrocken aufklären".

Die Redaktion darf natürlich nicht vergleichen. Aber ich tu es.

Habemus Papam!

Die furchtbare, die oberhauptlose Zeit hat ein Ende: über der Parteienkonklave am Kranzlmarkt stieg nach fast zwei Monaten endlich weißer (schwarzer, blauer) Dunst auf. Nachdem im Rathaus weniger eine Kurie als vielmehr ein Kindergarten die Kardinalfrage des Bürgermeisters zu lösen versuchte, sind die meisten SalzburgerInnen, schätze ich, einfach froh, daß die endlosen Personaldebatten vorbei sind und eine gewisse Hoffnung besteht, es könnte im Gemeinderat auch wieder diese oder jene Sachfrage angegangen werden. Viele fragten bereits: Anderswo regiert die Vernunft – wer bei uns?

Hätte jemand vor einem Jahr öffentlich verkündet, der nächste Bürgermeister Salzburgs heißt Josef Dechant, hätte man ihm wohl vorsorglich ein Bett in der Ambulanz der Nervenklinik reserviert.

Diagnose: politischer Realitätsverlust. Nun haben wir – erstmals seit dem großen Börsenkrach (1927) – einen schwarzen Lord-Mayor. Gewählt von einer soliden, schwarz-blau-bürgerlich-konservativen Mehrheit des Gemeinderates. Die WählerInnen haben, soweit sie überhaupt wählen wollten, bekanntlich nicht a priori für ein VP-Oberhaupt votiert. Aber man kann der Volkspartei andrerseits nicht vorwerfen, daß sie nach längerem Zuwarten Stimmen für ihren eigenen Kandidaten keilte, nachdem die stimmen- und mandatsstärkste SP nicht einmal intern einen mehrheitsfähigen Anwärter zusammenbrachte. (Um einer „Dolchstoß"-Legendenbildung zuvorzukommen, muß man noch einmal daran erinnern, daß des Wahlverlierers gremienabgesegnete Sesselstarre der Sozialdemokratie zum Schaden gereichte – und ursächlich zur Handlungs- und Verhandlungsunfähigkeit führte.)

Geht man (gutmütig) davon aus, daß die überraschende und satte Parteienmehrheit für Pepi Dechant nicht nur auf camorra-amikalen Pfründeabsprachen und Postenschacher beruht, darf man annehmen, daß auch innerhalb des Gemeinderates ein gewisser Überdruß an fruchtlosem Parteien-Hickhack um Personen die Kristallisation dieser seltsamen Wahl-Koalition beschleunigte. Immerhin fehlt ja – beispielsweise – im Budget nach allen Wahlversprechungen eine knappe Milliarde. Und auch sonst nichts an schwierigen Aufgabenstellungen, sondern höchstens an Erledigungen. Zu Recht vermuteten Ex-Bürgermeister Lettner und sein Nachfolger, bei den BürgerInnen sei der Eindruck entstanden, es ginge beim Regieren „nur um die Macht".

Als Brunello-Sammler habe ich, was die Zahl der gemeinderätlichen Gruppierungen betrifft, noch nicht Angst vor „italienischen Verhältnissen". Daß es, völlig im Trend allen kommunalpolitischen Wahlverhaltens, keine großen Blöcke oder absolute Mehrheiten mehr gibt, sondern (sieben) mehr oder weniger mandatsstarke Fraktionen, Duos oder Quartette mitbestimmen (wollen), müßte nicht a priori zur „Unregierbarkeit" einer Stadt führen.

Immerhin aber hat „Blacky" Dechant seine massive Regierungsfähigkeit nicht nur der Geschlossenheit seiner eigenen Fraktion, die nicht immer selbstverständlich war, sondern auch dem Wohlwollen von „Leihopa" Mitterdorfer zu verdanken. Gleichzeitig muß er den Abgas-Gebern der „Autofahrer-Partei", aber auch den Verkehrsbremsern rund um „Austrogbauer" Masopust Gehör schenken. Und last not least (und nicht weniger befremdlich) an Altsozialist Fartacek sowie dessen „Dissidenten" denken, die ihm ebenfalls ihre Unterstützung in die Urne senkten. Ob einer derartigen politischen Flügelspannweite muß einer, will er wirklich abheben, schon ein ideologischer Albatros sein: Eine sozialpartnerschaftlich trainierte Taube wird den Aufschwung in lichte Höhen wohl nur schwer schaffen.

Die Ressort- und Aufgabenverteilung in der neuen Stadtregierung ging erstaunlich flott und friktionslos vor sich, sieht man von realsatirischen Details ab. Bekanntlich sitzt der Teufel aber im Detail. Wozu der frisch konstituierte Rat der Stadt unter dem neuen Bürgermeister in den wesentlichen Fragen fähig ist, werden wir sechs Jahre zu verfolgen Gelegenheit haben.

Auch, welche (wechselnden) Mehrheiten und/oder Oppositionen, die zum Großteil ja gleichzeitig in die Regierungsgeschäfte eingebunden sind, bei Einzelproblemen zustandekommen oder Lösungen verhindern...

Ich würde mal depressions-, aber auch illusionslos sagen: Lassen wir Dechant und seine Teams arbeiten. Und erst im Laufe der Entscheidungen den pathetischen Schlußsatz der Antrittsrede des (volantrüstigen) Altersvorsitzenden des Gemeinderates – „Gott schütze diese herrliche Stadt!" – kritisch fortfragen: Wovor?

150 Tage Union

Sie erinnern sich noch an alle Drohungen sämtlicher Großkoalitionäre und Großkopferter mit dem Tenor „Sag Ja, Du A"? Da wurde das Paradies versprochen, also allen alles – oder die Hölle á la Schweiz beschworen, ließen wir uns nicht willig beitreten. So kam es zur „Oktoberrevolution" der 66 Prozent.

Ich war ja – obwohl beruflich schon länger europareif als entscheidende Minister – nie auf jener Kriechspur, die allerhöchste Staatslenker und gemeinnützige Konzernmanager für das Volk (folg!) brüsselwärts zogen. Mir erschien diese skepsislose Walzenpropaganda immer schon so schwindlig wie Jörgls Etikettierung als „Chairman of the Liberal Party" in N. Y.

Im Genuß des erreichten Großfamilienglücks meint nun neuerdings nicht nur ein Mautner-Markhof: „Man braucht schon viel Humor, um jetzt noch dafür zu sein." Übereinstimmend haben Meinungsforscher ein generelles Humor-Manko bei uns erhoben: Heute würden nur noch 39 Prozent EU wählen, 47 sich ganz sicher nicht mehr anschließen (lassen). Mehr als die Hälfte der Befragten zeigt deutlich Euro-Frust, nur ein Viertel ist's zufrieden. Das, sagen die Umfrager, werde als größeres Problem für die Regierung betrachtet als sämtliche F-fekthaschereien. Staatsekretärin Ederer sieht vornehmlich „Informationsdefizite" als Grund für den Euroschock. Da bräuchten jene, die jetzt den Supermarkt-Blauen beim Konsumentenschutz einklagen, ja nur ein bißl mehr Aufklärung von Yes-Gitti: ich hab gar nichts versprochen, sondern seinerzeit nur mich! Ob aber auch die 13 Mrd. Defizit im EU-Budget doch mehr sind als nur ein „Kommunikationsvakuum", wird sich gewiß klären, wenn wir sie ganz real berappen müssen.

Die bedingungslose Europäisierung Österreichs ist vorläufig ein toller Erfolg: vor allem für die internationalen Konzerne. Die Klein- und Mittelbetriebe, Agro-Markt und -export kämpfen gegen Importe mit Dumpingpreisen, die keiner lang aushält. Und für die Konsumenten gibt es summa summarum neben dem hausgeschnürten ein weiteres Sparpaket. Das architektonische Ideal unseres „Hauses Europa": eine Filiale von Aldi. Womöglich soll ich darüber froh sein, daß es – noch – keine des „Konsum" ist?

United Colors of Brechreiz

Stärke 12 auf der – nach oben kaum mehr offenen – Ekelskala erreichen die beiden neuesten Werbemotive eines italienischen Kleiderhändlers, die weit über das hinausreichen, was wir an menschenentwürdigendem Eye-Catch kennen. Waren seine optische Ausschlachtung schmusender Kleriker oder eines Säuglings nach offenbar unsanfter Geburt noch takt- und geschmacklose Bagatellen, stellen die wahrhaft letzten Bilder von Söldnerbarbarei und (Aids-?)Tod im Dienste der Profitankurbelung die einsame Spitze des Werbeterrors dar. Endlich ist die Gosse des Anzeigenboulevards erreicht.

Ich kenne das Argument, daß, wer diesen vierfarbigen Zynismus angreift, nur noch mehr Werbung für die affichierte Verhöhnung der werbewirtschaftlich verwendeten (!) Abgelichteten macht. Gottlob aber muß sich in dieser Zeitung die Meinung des Kolumnisten nicht mit jener der Anzeigenabteilung decken.

So sage ich: Ein Lump, wer mit derlei spekulativen Mitteln colorierte Lumpen verhökern möchte! Eine schöne Mode, Mord und Tod als Marketinggags zu instrumentalisieren. Wo bleibt der visuelle Konsumentenschutz, wenn nun selbst Leiden und Sterben jeder Intimität entkleidet sind und noch die Knochen der Opfer irgendeiner Soldateska für den Klamottenklamauk herhalten müssen?

In der BRD wurden die Sinn-Bilder solcher Marktwirtschaft – um diese länger zu erhalten? – verboten. Auch bei uns sollten derartige Geschäftemacher kein Leiberl haben: Menschliches Elend ist kein Public-Relation-Spaß. Die postmortale Ausbeutung gehört geächtet. Die Tränen der Angehörigen am Totenbett dürfen öffentlich nicht länger für die Privatkonten eines Textilmagnaten fließen. Das ist keine Geschmacksfrage, sondern soziale Wehrpflicht. Vielleicht bin ich da päpstlicher als der Erzbischof. Aber mit solchen Tabus „spielt" man nicht, selbst wenn in kampagnenbegleitenden Pressekonferenzen fadenscheinig beteuert wird, damit nur die scheinheilige Ästhetik des Werbeumfelds entlarven zu wollen.

In Wahrheit ist diese Schock- und Skandal-Vermarktung weder Kunst, noch darf sich der Annoncenstratege zur Creme der Werbefotografie rechnen. Es geht um Absahne, um marktschreierischen Kommerz. Nichts unterscheidet den „werbekunstsinnigen" Konzernboß vom sensationsgeilen Großbrandtouristen, vom Unfall-Schlachtenbummler, der durch seinen Voyeurismus Feuerwehr und Rettung behindert. Der lakonische Firmenname als einziger Kommentar zu Schmerz und Grauen wirkt wie das Logo für optimales Sponsoring: Diese Bürgerkriegsleiche widmet Ihnen Herr Benetton.

Wenn denn keine Einsicht herrscht, daß Gräberfelder nicht „innovativ" sind, Sterbende keine schaulustigen Gegenstände modernen Advertisings abgeben und Leichenteile als Objekte der Sensationsgier nicht taugen, müssen wir uns in Zukunft wohl (übel) auf einen ganz anderen „Realismus" von Kampagnen gefaßt machen: Ein paar grünblau geschlagene Frauen können davon erzählen, daß nur ein bestimmter Hersteller von Mix-Knechten weiß, was Frauen wünschen.

Ein frischblutrotes Kind, eben am Schulweg von einem flotten Fahrer gemäht, würde gewiß aufmerksamkeitserregend für Unfallversicherungen werben. Und ein – als Folge guter türkisch-iranischer Zusammenarbeit – bombenverkohlter Kurde müßte glaubhaft verkünden, daß nichts die Sinne mehr belebt als friedliches Mineralwasser. Die Logik von „united colors": „kreativ" und konsequent zu Ende gedacht…

Oder wir antworten auf die grenzenlose Freiheit faschistoider Werbung schon bei unserem nächsten Textilienkauf mit angewandter Wahlfreiheit des bewußten Konsumenten, der mündigen Konsumentin.

Lust und Laun

Sage keiner, in der Kirche herrsche „tote Hose".

Kaum drückt Bischof Krenn Haider ans Herz, suchen auch lokal verlorene, blaue Leithammel schnell ihren Schoß. Kaum rückt Landes-Vize (und Gesundheitsreferent) Buchleitner 10.000 Kondome (inkl. Gebrauchsunterweisung) an Schulen in den Mittelpunkt einer Aids-Aufklärungs- und Vorbeugungsaktion, stellt Weihbischof Andreas Laun einen ordentlichen Baum auf.

Im „Rupertusblatt" fragt der Moraltheologe, „welche primitive Lust-Ideologie hinter dem Plan der Landesregierung steht". Und in „Radio Melody" sieht er in der Gratis-Prophylaxe gar eine Art Aufforderung der Jugend zu „Sado-Maso"…

Dazu stellt sich eine (beantwortbare) Henne-Ei-Frage: provoziert der Überzieher an sich Lust – oder umgekehrt? Redet die Regierung von „Schutz-Gummi" oder „Lust-Kautschuk"? (Was spricht dagegen, den Pariser bei Noch-Nichtbedarf als Luftballon zu testen?)

Dr. Laun spricht von einer „Beleidigung der Jugend" durch die Präser-Spende, weil sie „Unfähigkeit zur Triebbeherrschung" signalisiere. Daß viele Jugendliche heute, allen kalten Dusch-Appellen zum Trotz, miteinander nicht nur rein seelsorglich verkehren, ist aber eine Tatsache, die keinem Blausiegel der Verschwiegenheit mehr unterliegt. Dito, daß Aids keine „Strafe Gottes" (Erzbischof Eder), sondern eine auch sexuell übertragbare, tödliche Immunkrankheit ist. Deshalb sind selbst (hochmoralische) Konservative für Präservative. Was hallt aus dem Dom zurück? „Es bleibt ein Restrisiko von 27%."

Ich glaube nicht, daß ich ein kleinerer Sexualexperte als jeder Oberhirte bin: aber wären – selbst bei unsachgemäßer Gummierung – 73% unsrer Kinder im „Fall des Falles" nicht schützenswert? Das wäre die wahre „Kapitulation der Pädagogik"!

Unangemessen launig gesagt: wenn Seel- und Körpersorge endlich zusammengehen, ist „positiv denken" super.

Vor HIV ist es nur zynisch.

Frauenlos?

Die Familie ist die Zelle des Staates.

Wie wahr. Dort sollen Frauen eingesperrt bleiben – lautet letztlich die Botschaft der Bedenkenträger im Gemeindeverband gegen das „Gleichbehandlungsgesetz". Sein Entwurf sieht vor, daß Frausein jobmäßig nimmer schaden darf und die Frauenquote im Gemeindedienst erhöht werden soll.

So was Selbstverständliches braucht einen Regierungserlaß. Zudem ist es EU-Vorschrift, die lokale Gemeinderäte schwerlich aushebeln. Schon klar, daß in einer Industriediktatur, die nur noch auf das Wohl des Aktionärs schaut und Massenarbeitslosigkeit locker einplant, ein Weib heim an den Herd (vor den Pflug) gehört – oder ihre öffentliche Arbeit wenigstens nicht viel kosten darf. Ein Argument auch des Städtebundes lautet ja, daß Kinderkriegen derart an die Kassa geht. Gegen Karenzkosten hülfe aber nur der Mannesmut zum offenen Machtwort: Frauen, die aushäusig arbeiten, haben ab sofort Gebärverbot. (Inklusive Zeugungsverbot für ihre Männer?)

Das Scheinproblem, wie man in Kleinstgemeinden eineinhalb Dienstposten quotentauglich teilt, löst ein halber Sekretär. Daß „Frauenbeauftragte" u. a. nur „Unfrieden in die Verwaltung bringen", wie der Gemeindeverband-Chef schreibt, stimmt womöglich für Dorfpaschas. Und was stimmt an der Angst, Amtsleiterinnen könnten Abendsitzungen nicht beiwohnen können?

Nach dieser Logik sollte man auch das Frauenwahlrecht kippen (Ausgehverbot für Rätinnen!) oder dürfte keine Kellnerin mehr einstellen. Schon richtig, daß sich (mittelalterliche) Einstellungen nicht durch mehr Bürokratie ändern lassen. Aber hat der als Gesetz-Ersatz angebotene „gute Wille" bisher die wenigen Amtsleiterinnen wenigstens verdoppelt?

So nicht, müssen unwillige Männer wohl doch zu vernünftigen Einstellungen (von arbeitswilligen Frauen) gesetzlich gezwungen werden. Sonst sind wir – Begehren des Frauenvolks hin oder her – aus der „anderen Hälfte des Himmels" bald verbannt.

Steuer-Knüppel

Selten, daß der gemeine Österreicher um einen jahrelangen Streik geradezu betet!

Aber im Gegensatz zu anderen Beamten hält er den Finanzer ohnehin für unanständig hyperaktiv. Da jeder Nicht-Hinterzieher überzeugt ist, viel zuviel abzulegen, erzeugt also schon ein kurzer Warnstreik bei den Geschröpften ungefähr soviel Hoffnung wie eine Grippeepidemie der „Cobra" bei Kampftrinkern.

Auch ich habe mich schon über blutsaugerische Pingeligkeiten „meines" Amtes geärgert. Allerdings dabei nie vergessen, daß selbst überbürokratische Exekutoren meistens bloß ihre Pflicht erfüllen wollen. Eine gewisse Nervigkeit kann auch Ausdruck dafür sein, daß jemand unbrauchbare Gesetze mit untauglichen Mitteln gegen ein unwilliges Publikum durchsetzen soll. „Werkvertragsregelung" oder „Mindest-Köst" (27.000 Berufungen) haben ja nicht Finanzbeamte beschlossen. Die bekamen dafür gleichzeitig einen Personalstopp verordnet.

Immerhin hebt das Höchstgericht bald jedes dritte Steuergesetz auf. Und was durchgeht, ist ein gigantisches Arbeitsbeschaffungsprogramm für Steuerberater.

Wenn ich lese, daß sich am Salzburger Finanzamt bis zu 15 Leute einen Computer teilen, frag ich mich notgedrungen: wieviele Minister teilen sich ein Gehirn? Angeblich steht eine von sechs Betriebsprüfungsgruppen nur auf dem Papier. Für diese „Einsparung" kann unser aller Edlinger gleich jedem Schwarzkassierer einen marmornen „Fiskuswerfer" von Praxiteles vors Fabriktor stellen.

Die Finanzer streiken nicht für mehr Geld, sondern gegen weitere Sparpakete. Laut Gewerkschaft verdient ein Referatsleiter nach 21 Jahren 18.000 (inkl. Zulagen), geht ein Gruppenleiter mit 28.000 netto in Pension und kriegt ein FA-Vorstand (Akademiker) nach 20 Jahren netto 26.000 heraus. Das sind hohe Geduldsbeweise.

Ich krieg bei meinem Finanzamt keine Prozente: Zur „Steuergerechtigkeit" gehört dennoch auch Gerechtigkeit gegenüber den Eintreibern.

Ars pro toto

Eine kleine, aber feine Meldung: zur Zeit opfern an unserer Universität Geisteswissenschafter gezielt Hirnschmalz für die Beantwortung der Frage, wie Bildung, Kultur und Kunst „verrechnet" werden können. Der Dekan begründet diese Initiative mit dem aggressiven Rechtfertigungsdruck, dem diese Bereiche in einer vornehmlich materiell und auf schnellen Profit fixierten Gesellschaft unterworfen werden.

In der Tat ist die „Umwegrentabilität" von Bildung jenseits „fachidiotischer" Ausbildung sowie von förderungsbedürftiger Kunst nicht Allgemeinwissen. Sogar Kulturpolitiker vermitteln manchmal den Eindruck, als assoziierten sie zu „Kunst" am liebsten Leder, weil anderes lästiger Pflege bedarf. Was sich da meldungsmäßig abspielt, geht auf keine Kuhhaut. Und im Unterrichtssektor haben neuerdings die Kapital-Bildungspolitiker das Sagen.

Für mich ist die Anschaffung milliardenteurer Abfangjäger, schon wieder Sondermüll, um nichts nützlicher oder weniger „exotisch" als etwa die Ausbildung zukünfiger Weltklasse-Harfinistinnen. Man braucht aber gar nicht zu raten, um was die „Kulturnation" betteln muß. Das hängt damit zusammen, daß kein Massen-Bewußtsein, also kein außerparlamtenarischer Druck existiert, Kultur sei „Überlebensmittel". Und was ist mit der „Privatisierung" der Schulkultur, die sich als „Autonomie" tarnt – und dem Direktor die Verwaltung des Mangels aufbürdet? Unfrei nach dem Motto: Stillt euren Bildungshunger bei McDonalds!

Um eine ökonomische „Verrechnung" von Bildung, Kultur und Kunst ist mir nicht bang. Auch VHS, Sanskrit oder „Klein-Kunst" haben prekuniäre Chancen gegen „Cats", „Festspiele" oder Bilbaos Guggenheimer.

Wesentlicher aber ist die intellektuelle „Gegenrechnung": Wie wird eine Gesellschaft, die philosophische Erkenntnis, Ästhetik und strukturelle Weisheit gering schätzt und noch geringer dotiert? Wert-los.

Freilich hängt jedes Herz und Hirn an einem Darm. Aber auch umgekehrt. Diese Wahrheit ist eine Binse. Rettet diese Binse!

Quattro stagioni

Wienerlich

Okay: Salzburg ist „Provinz". Vorausgesetzt, dieses Urteil eint mich mit weitläufigen Geistern, die sich Vergleiche redlich erarbeitet haben. Über die „Kraft der Ränder" und die „Arroganz der Metropolen" gibt es kluge Bücher. Sie haben im Internet den Charme des Hinfälligen. Aber jeden Sommer krieg ich mehr Verständnis für den Satz von Gerard Mortier: „Wer kümmert sich außerhalb von Wien schon um die Wiener Medien?"

Das intellektuell relativ führende Magazin „profil" führt kulturell praktisch nur Stadt-, also Selbstgespräche. „News" reicht ohnehin kaum über Hütteldorf hinaus. Und selbst die Kultur des „Standard" ist oft stark donaudörflich. Was hier das ganze Jahr über basiskulturell interessieren könnte, ist kaum einem Wiener Kritiker eine Reise wert.

Aus der Not macht man in Wien gern Tugend: unser Horizont genügt. Ertönt im 13. Hieb ein Furz, echot es wenigstens am Küniglberg. So wird, was jenseits dieser Stadtgrenze künstlerisch passiert, medialer Verbreitung entzogen. Wie provinziell.

Nur sommers, wenn es in Wien offenbar noch öder ist als winters, schwärmt eine zahlenmäßig stattliche Kamarilla hierher, um mit mitleidig-süffisantem Unterton „Kultur in der Provinz" niederzuschreiben.

Dann erklärt uns etwa der in Wien weltbekannte Herr Endler, mit wem er verhabert ist: weshalb also in Salzburg Ödnis herrschen muß. Und Karin Resetarits, die Marketenderin der kulturellen Seitenblicke, echauffiert sich plötzlich über unsere Bahnhofswüste. D'accord! Aber: ist sie daheim noch nie aus der Westbahn gestiegen? Und? Dort gibt's auch in zehn Jahren nichts mehr zu gestalten.

Vielleicht sollte man (frau) ab und an aus pädagogischen wie psychohygienischen Gründen lässig darauf hinweisen: Salzburgs Vorort ist (wenigstens) München. Der Wiens Wiener Neustadt.

Damit meine ich nicht, wir seien der Nabel der Welt. Aber bis zu deren Arsch ist doch ein weiteres Feld, als sich manche eingebildete Zentralisten vorzustellen vermögen.

Kennen Sie Schloß Altenau?

Wenn Sie diese Zeilen lesen, trete ich, sofern es Gott und die Lufthansa wollten, berufsbedingt die harten Pflaster von New York oder schau mal, was der letzte Hurrikan (wieso letzter – das hausgemachte Weltklima schwankt ja weiter!) von der Ostküste übriggelassen hat.

Und wie Woody Allen angeblich stets leidet, wenn er Manhattan verlassen muß, wird sich wohl auch der angelernte Salzburger zwischen Queens und Miami seine Gefühle für die Heimat von keinem daheimgebliebenen Reaktionär übertreffen oder gar nehmen lassen. Auch wenn ich nicht in Sepplhose oder mit Musikantenstadl-Walkman unterwegs bin, sondern in Levi's und mit einem Salzrock-Band meiner Freunde Punzenberger & Laber: Auch ich beanspruche Salzburg als „Heimat" – die ja bekanntlich nicht immer dort sein muß, wo es einem nur gutgeht.

Vielleicht erinnere ich mich beispielsweise in Savannah/Georgia wehmütig an meinen kürzlichen Spaziergang durch die Innenstadt.

Ein „verkaufsoffener langer Samstag" war's, wie die Kaufmannschaft sagt, ein föhnig-faunischer, früher Frühsommernachmittag, wie ihn der Dichter nennt. Die Grünmarktreste wurden eben vom menschenleeren Universitätsplatz geschwemmt, und die Sonne stand just so, daß sie die baumlose Steinwüste im Hof der neuen „Juridischen" unbarmherzig zur Weißglut brachte.

Eine dem schön Provinzhaften angemessene Schläfrigkeit lag in den Gassen. Trotz der geöffneten Läden bevölkerten in dieser Stunde zwischen Nudelsuppe und Nickerchen nur wenige Leute mit Einkaufstüten die Wege. Die wenigen flanierten mit leichtem Gepäck, der linden Jahreszeit entsprechend unhektisch. Was an Lärm – überhörte man den Ohrenterror der „Flüsterjets" – durch die Altstadt hallte, klang gemütlich: das vergebliche Schnauben der Fiakerpferde um Fahrgäste, die Flöte des Musikstudenten im Samtwams, ein paar Fahrradklingeln. Der halbblaute Ruf des Erstaunens eines Freischach-Großmeisters über das Nimzo-Indisch oder Wolga-Gambit seines Gegners! Ein klickendes Kleinentzücken dreier verfrühter japanischer Späherinnen über den slowakischen Marionettendompteur … Nicht einmal der „Bierjodelgasse" entkam irgendein sommertrautes Gröhlen von Gruppen, die dort den Westerwald heimatschützen, als ob sie tatsächlich seit 1492 des guten Bieres zuviel genossen hätten. Sogar die Punks rund um den Flohmarkt an der Kapitelschwemme hatten auf Metal-Schrott aus Portables verzichtet. Oder war die Ruhe doch nur den samstags geschlossenen Banken und Versicherungen zu verdanken, denen die halbe Innenstadt gehört?

Gewiß werde ich mich ausgerechnet in der Nähe von Disney's-Plastic-World an die kiesknirschende Stille des Innenhofs der Residenz erinnern. Gut möglich, daß ich die MGM-Studios bedaure, daß sie irgendeine benötigte Kulissen-Dignität, die wir aufgrund früherer katholischer Leibeigenschaft aus echtem Adneter Marmor haben, mühsam mit Styropor nachbauen müssen. Absolut sicher aber sehne ich mich bereits in Erding nach dem Großen Braunen, der Droge des kleinen Lodenkostüms zurück, wie sie mir in den innerstädtischen Stützpunkten des Salzburger Kaffee-Kartells auch an jenem Samstag teuer war.

Die architektonisch noch immer fürsterzbischöfliche City: in dieser Vorsaison ein Bild für Salzburger – erst später eines für die DM- und Dollar-Götter, die göttlichen Stimmen. Vielleicht hätte ich diesen Rundgang erst wieder auf einen werbenden Tip von Sepp Forcher hin unternommen, hätte nicht mein Sohn darauf bestanden, sein heimatkundliches Schulwissen als „Fremdenführer" zu demonstrieren.

Und ich dachte, ich wäre kundiger Einwohner! Er aber konnte all die Wappen den jeweiligen Fürsten zuordnen und sämtliche Statuen an der Domfassade benennen. Hand aufs Eingeborenenherz: Wo ist der „Langenhof", in dem der „romanische Löwe" unbemerkt auf Salzburger lauert? Fänden Sie am Petersfriedhof auf Anhieb zu den Gräbern von Michael Haydn oder Santino Solari?

Ich kenn' mich jetzt vielleicht in Atlantic City aus. Aber jeder Volksschüler dafür im Bürgerspital. Wußten Sie, daß es stadtmittig ein Schloß namens „Altenau" gibt? Ich weiß es erst seit jenem Samstag: da strahlte Schloß „Mirabell" friedlich und unverparkt, weil politikerfrei.

Ich werde mich auf jeder US-Einfallstraße an den Spaziergang durch die schöne Altstadt erinnern. Wenn ich heimkehre, muß ich mich in der Getreidegasse bereits wieder einölen, um an den angeworbenen Massen vorbeizukommen ... Dennoch: ein echter (gelernter) Salzburger kann schon daheim Heim-Weh haben. Auswärts kriegt er's bestimmt.

Sonntags nie!

Selbst der Allmächtige, der bei der Schöpfung gewiß Überstunden machte, ansonsten wir ja nie das geworden wären, was wir sind, ruhte am 7. Tag.

Ob das ein Sonntag war, weiß keine(r).

Nicht einmal jene Kleriker, die seitdem an jedem Rasttag Gottes viel arbeiten müssen. Auch die Gesundheit braucht rund um die Uhr Pflege. Die Bahn fährt immer. Wenige Wirtshausküchen und keine Hochöfen bleiben feiertags kalt. Keine Kuh wird Obers geben wollen, nur weil der Bauer mit der Seele baumeln will. Die Montagszeitung wird nolens volens erst durch Sonntagsarbeit aktuell. Und im Gegensatz zum Bundespräsidenten, den man unbemerkt ein Weekend tiefschlafen lassen darf, weil sowieso kein Amt für eine Kriegserklärung offen hält, ist der Gendarm hinter der Radarpistole auch an den Sonntagsraser gebunden.

Jetzt aber löchert die Große Koalition das „Arbeitsruhegesetz" nochmals: „weitere Ausnahmen" dürfen zwischen den Kollektiv-Partnern ausgehandelt werden. Dagegen protestiert eine Koalition von Kirchen, ÖAAB und Grünen heftig. Ich kann sie gut verstehen.

Wer definiert, was alles „zum wirtschaftlichen Nachteil" gereicht und deshalb den Sonntag stören darf? Das Gesetz nicht. Zeiten wie diese lassen aber Lohnabhängige spielend spuren, wenn Unternehmer einfach nur mehr unternommen sehen wollen. Und wann sehen die Kinder ihre Eltern?

Ich benötige kaum Freizeit für Hochämter. Aber der Wiener Generalvikar Schüller hat recht: „Wer den Sonntag zur Disposition stellt, jongliert mit Schicksalen, Beziehungen und familärem Leben." Dito der Evangele Prof. Dantine, wenn er meint, daß das Leben nicht völlig dem Diktat der Wirtschaft untergeordnet werden dürfe.

Der ÖGB, der das sehr gelassen sieht, wird wohl aufwachen müssen, damit nicht viele kleine Ausnahmen zur großen Regel werden. Die Sonntagsruhe, 1855 erkämpft, hat über viel schlechtere Wirtschaftslagen gehalten.

Immerhin leben wir noch immer nicht nur, um zu arbeiten.

Wird's scho glei' dumpa?

Was ist das für eine Zeit, in der, wenn der Postmann nicht mehr klingelt, Menschen- und Friedensfreunde einen ernsten Gedanken darauf verschwenden müssen, ob irgendein Brief unten dicker ist? Richtig: es ist unsere Zeit, die schrillste des Jahres. Und wer nicht aufpaßt, wem er die Hand reicht, dem kann sie heute schon wieder zerfetzt werden, lautet die böse Botschaft knapp ein Jahr nach den Lichterketten, die den Haß fesseln wollten.

Glaubt man einem (italienischen) Buchtitel, hat Gott uns alle gratis erschaffen. Vielleicht gilt, was gratis kommt, wirklich nichts mehr. Jedenfalls müssen wir dafür immer wieder bezahlen: die Währung lautet Gemeinheit, Brutalität, Menschenverachtung. Andrerseits fließen auch noch andere Tränen als die des Schmerzes, der Trauer und Wut.

Eltern kleinerer Kinder wissen, wovon ich rede: dieser Tag wird allerorten in Kindergärten, Horten und Volksschulen still gefeiert. Die Kinder führen Adventstücke auf und vorweihnachtliche Bastelarbeiten vor. Erstaunlich viele „Erziehungsberechtigte" nehmen sich Zeit für diese rührenden Erinnerungen an verloren geglaubte Harmonie(n). Herzklopfen vor und auf improvisierten Bühnen, Frösche in Kinderkehlen und Feuchtbiotope um Väteraugen. Weit jenseits aller Musikantenstadl kommt „Stimmung" auf, und sie hat nichts mit falscher Naivität oder vorgegebener Gefühligkeit zu tun. Auch das kleine Volk ist nicht tümlich. Für Momente glaubt man sogar wieder an Weihnachtsmann und Christkind, die alle Dinos, Videos und Waffen aus der Welt schaffen. Und wie Lebkuchen noch duften können!

Ich habe eine solche Feier neulich (im Hort Josefiau) miterlebt. Bei diesem „Schattentheater" – alles in Zusammenarbeit mit kreativen Tanten selbstgebastelt, logo! – ging es nur um einen Christbaum, der zu klein zum Schlagen und deshalb traurig war. (Klar, daß er letztlich doch das schönste Fest feierte, draußen im Wald mit allen Tieren.) In diesem Szenario kam nicht einmal das Wort „Gott" vor. Dennoch durchaus so etwas wie „Andacht" zum Vorschein: ein unschuldiger, aber handfester Gegenentwurf zu einer tätlich-schuldigen Welt.

Die auf den Augenblick und diesen Hortraum begrenzte Harmonie grenzte jene falsche Gesellschaft aus, die erstaunt darüber tut, daß es faschistische Bombenbastler gibt. (Die Täter und die ideologischen Hintermänner sind in jedem Fall Faschisten: strukturelle.)

Ernst Bloch war bei diesem Fest nicht anwesend – aber sein „Prinzip Hoffnung". Man durfte den Eindruck mit nach Hause nehmen, hier seien halbwegs allseitig entwickelte Persönlichkeiten fröhlich am Werk, wenigstens so lange, als sie gewissen Erwachsenen nicht allzu ähnlich werden.

Diese Kinder hatten ihre fünf Sinne noch beisammen und benützten sie spielerisch zur positiven Welterfahrung und Gestaltung. Weihnachtsmann und Weihnachtsfrau verschiedener Nationalitäten vertrugen sich und arbeiteten sinnvoll zusammen. (Und wenn es schon, selten genug, Streit gab, kam jeder ohne blaues Auge davon.) Die „message" der Bühnenbotschaft war märchenhaft realistisch: heute ist „O Tannenbaum!" ja auch eine ökologische Verlustanzeige.

Die Kinder verbanden auch die Erwachsenen: Die saßen auf den niedrigen Stühlen an den zu kleinen Tischen, quer durch alle sozialen Schichten, die unterschiedlichsten Pässe in den Taschen – und bekamen im Kerzenlicht Früchtetees und Selbstgebackenes von Kindern und „Tanten" serviert… Ein Bild zum Herzerweichen, nicht minder hirnstärkend wie jenes der frierenden Mahnwachen von „SOS Mitmensch" nach den Anschlägen. Beides zum Heulen.

Bleiben nach dem Tränentrocknen mindestens zwei Möglichkeiten: Entweder wird die Adventdepression prolongiert, indem wir uns eingestehen müssen, daß noch jeder als Kind derart (freundlich) angefangen hat – ehe er sich dann doch zum Erwachsenen zurückbilden ließ. Oder wir (er)finden und pflegen Gründe zur berechtigten Annahme, die heutige Jugend könnte einmal viel besser als die vorgestrige werden. Und das nicht nur zur Weihnachtszeit.

Auf solche frommen Wünsche kann man nicht pfeifen: zu beglückend der Gedanke, uns ließe nur eine solche – selbstgebastelte – Zukunft alt ausschauen.

Im Christbaum-Kugelhagel

Unsere Spendenfreudigkeit ist in diesen Tagen auf eine harte Probe gestellt. Was haben wir nicht alles schon gegeben! Der Erfolg von „Nachbar in Not" beruhigt. Die gläsernen Kinderdorfhäuschen in unseren Banken sind übergroße Groschengräber. Die Weihnachts- billets der UNICEF sprechen an. Der ORF bringt Licht ins Dunkel seines Programms. Ein Benefizkonzert jagt das andere. 300 caritative Organisationen sind postalisch oder persönlich bei uns am Sammeln. Schön und gut! Gerade deshalb wird es schwierig werden, unser Spendenniveau zu halten.

Andererseits ... Ich mußte dieser Tage ein großes Einkaufszentrum aufsuchen: welch ungebrochene Spendenbereitschaft breitester Bevöl- kerungskreise gegenüber dem Einzelhandel! An den gehetzten Käufer- blicken erkennt man, welche Freude Schenken machen muß: Auto- achsen ächzen unter neuen Hi-Fi-Türmen; kaum noch ein freier Östro- gen-Lachs; keine Weihnachtsgans mehr ohne Zustelladresse! Die Ak- tion „Flaschen für Flaschen" erzeugt Kauf-Rausch. Die Computer- preise purzeln engelsgleich: Man weiß, daß schon die Kleinsten in den Kriegsspielen Bosnien recht geschickt simulieren. Klunker sollen Spitze laufen. Der Trend zum High-Tech-Spielzeug hält weiter an: Man ahnt schon die Schrotthalden in den winzigen Kinderzim- mern.

Der ganz normale Wahnsinn stellt naturgemäß keine „Sinnfragen". Nur ein paar Weltfremde leiden darunter, schenken zu müssen. Zwar sickern da und dort kleinere Einwände durch: Webpelz statt Tierhaut! Wer schenkt schon Tropenholz (zu Weihnachten)? Kinderarbeit in Indien – also heuer lieber keine Billigteppiche! Aber etwaiges Klassen- schuldbewußtsein ist leicht beruhigt: Dem Neger gehen meine Dia- monds nicht ab, er verdient vielmehr am Ausbuddeln! Nützt es dem Behinderten, wenn ich den „Chateau Lafite" nicht trinke? Und was macht der Sandler mit meinem dritten Paar Schi?

Auch andere Kaufargumente geistern adventlich. Eines heißt: Die Wirtschaft sind wir alle. Insofern ist das Weihnachtsgeschäft eine einzige große Solidaritätsaktion mit der Frau an der Kasse und den Gesellschaftern der GmbHs und Co. KGs. Ein echt sozialpartner- schaftliches Geben und Nehmen, geradezu urchristlich: Was Du er- schenkst, schenkst Du Dir selbst. Auch drängen schon Silvesterraketen

161

und Marzipanschweine in die Regale, und die Osterhasen scharren bereits in den Kellern.

Wir kurbeln gemeinsam den Binnenmarkt an. Alles ist vernetzt: Die Massen zu kleiner Dessous erhöhen umwegrentabel wieder den Umsatz von Diätkochbüchern und Fitnesscentern!

Ich frage mich, was sich unsere Kinder denken, wenn sie uns am riesigen Weihnachtsmarkt durch die stillste Zeit des Jahres hetzen sehen. Wie erklären Sie dem liebsten Kleinen ein Wort wie „Kauf-Wut"?

Selbstverständlich lebe auch ich lieber in einer Überflußgesellschaft als bei den Sahauri-Flüchtlingen. Weihnachten gibt mir Berge, sagt die Mülltonne: Allein von dem, was unser Seidenpapier kostet, könnte wohl der ganze Südirak medizinisch versorgt werden. Und wie klingt eigentlich: „Langer Einkaufssamstag in Somalia"? „Kurdistan schenkt heuer Reisegutscheine"! „Geschenkflut" in Bangladesh? Oder eine nachweihnachtliche Initiative „SalzburgerInnen spenden überflüssige Kilos für den Sudan"?

Von der vielbeschworenen Reduktion der (Schein-)Bedürfnisse – und damit der Verschwendung – in unserer sogenannten 1. Welt, auf daß die gesamte vielleicht ein wenig ins Lot komme, ist weit und breit nichts zu bemerken. Im Gegenteil: Was haben wir nicht alles noch nicht! Was brauchen wir nicht noch alles zu dem, was wir jetzt schon nicht brauchen! Aber alle sündteuer beworbenen Deos geben nur Sicherheit in Achselnähe: Den Geruch der Armut (weltweit) übertünchen sie nicht. Heute kaufen und konsumieren – morgen zahlen! Es wird noch eine Weile dauern, bis die zwei Drittel Unterernährten versuchen, uns Drittel Überernährte heimzusuchen. (Und dann sind wir immer noch im Besitz der Hightech-Waffen.)

Hab ich das Wort zum Sonntag? Im Christbaumkugelhagel, beim Weihnachtsbock ist tatsächlich schwer vorstellbar, wie ein solcher „Einkaufssamstag" – sagen wir – in Sarajevo vergeht. Ohne Wasser, Strom und ein einziges Keks. In einem angekohlten Wohnblock, durch dessen zerschossene Fenster der Eiswind pfeift.

Unerträglicher ist nur noch die Vorstellung, wie viele hier vor lauter Kaufrausch auf dieses Wissen pfeifen. Das macht still und stad. Aber auch zornig und aktiv.

Trost und Rat

Sorry: aber die offiziellen Silvesteransprachen haben für mich etwas von der Doppeldeutigkeit der Aufforderung, im HIV-Zeitalter gefälligst positiv zu denken.

Politiker und andere Glaubensträger stellen durch Seligsprechung des Altjahres gern einen Wechsel aufs neue Jahr aus, der für uns nicht gedeckt ist: Eigene Erfahrungen sind bekanntlich vom Umtausch ausgeschlossen. Selbstverständlich geht's uns, verglichen mit dem Rest der Welt, ja noch gold! (Könnte man etwa die überflüssigen Pfunde verschiffen, die der mitteleuropäische Mittelstand feiertäglich ansetzt, wäre mindestens Ostafrika hungerfrei.)

Heuer lauteten die drei medial meistdiskutierten Begriffe: 1. „Sparpaket", 2. „Rinderwahnsinn", 3. „Briefbombe". Das paßt wunderbar zynisch zur Ballerei in der Stunde Null, wenn das Kind im Manne und der Mann im Kinde endlich identisch sein dürfen. Und inmitten solcher Imitation und Miniatur des Himmels über Bosnien wünschen wir einander innigst „vor allem Gesundheit und Frieden"! Aber was will man schon gegen Schweizerkracher sagen, wenn auch der Verteidigungsminister einen großen Knall haben und Milliarden für schrottreifes Leo-Spielzeug verpulvern darf ...

Ich jedenfalls werde ins Raketenfirmament gucken und weiter bezweifeln, daß es vergleichbare Intelligenz im All gibt: ansonsten wohl sichtbar sein müßte, daß auch grüne Männchen pyromannbar werden wollen.

Und doch gibt es Hoffnung allüberall. In Moskau melden Zeitungen: „Jelzins Fahne weht wieder über dem Kreml!" Auch in meinem Keller werden gute Weine trinkreif. Tarife und Steuern steigen gewiß nicht höher – als wir längst befürchten. Und wenn denn „Abnehmen" tatsächlich der dringlichste Vorsatz der meisten ÖsterreicherInnen ist, beruhigt die Ahnung, daß der Sieg des Vegetariats nur über den Schweineberg (aus Marzipan) führt.

In jedem Fall aber tröstet: Auch der freieste Mensch besteht aus lauter Zellen. In diesem Sinn: Prosit! Es möge nützen, was jahreswendig angesprochen und real kommen wird.

Unfrohe Weise

Jetzt noch drei Weise aus dem Morgenland – und im Abendland ist die schlechte Zeit endgültig vorbei: der Pegel langsam wieder normal, weniger Brandgefahr …

Womöglich aber scheitert die „Camel Trophy" der Sternfahrer zur Krippe des außerehelichen Ausländerkindes? Stoppt irgendein Schengener Abkommen das Gefährt mit dem Kennzeichen „CMB", das ein Schwarzer lenkt? Erschnüffelt Rex, daß in jedem Weihrauch Halluzinogene sind? Amtsbehandelt man die drei Kurztouristen (mit Goldbarren!), als kämen sie vom „King's Club"?

Dann hülfe nur noch, daß Caspar von Einem persönlich gekannt würde.

Es fehlen hier nämlich noch ein paar Weise. Das merkt man nicht nur an der von langer Hand geplanten Einführung des euroweit ersten Autobahnpickerls ohne Vignette.

Auch die ÖVP-Nationalrätin Cordula Frieser (jeder zweite Abgeordnete ist eine Frau) hat längst vor dem Fest der Flaschen einen „Intelligenztest für Parlamentarier" verlangt. Ihre Standard-Forderung: „Auch wenn die allgemeine Vorstellung herrscht, die Abgeordneten repräsentierten den Querschnitt der Bevölkerung und der Wähler, so wäre es doch wünschenswert, daß sie ein gewisses Maß an Intelligenz einbringen."

Weniger verklausuliert: Mandatare sollten nicht viel blöder sein dürfen als das Volk, das sich von ihnen vertreten läßt. Mangels wirklich intimer Kenntnis, welcher IQ den Einzelparlamentarier beseelt, kann ich der nicht arg volkstümlichen Arroganz von Frau Frieser nicht vollständig nahetreten – sie aber auch nicht grundsätzlich ablehnen. Völlig d'accord bin ich allerdings beim Ansinnen, dem Ruf nach „Aufnahmeprüfungen" für Ausländer auch gegenüber nationalen Räten gerecht zu werden.

Amerikaner sagen: When life gives you lemons, make lemonade. Aber warum sollen wir immer nur Saures kriegen? Schon drei Weise mehr auf obige Weise müßten die gesetzgebende Weisheit unbedingt versüßen.

Just for fun

Daß Fasching ist, kann man nicht an der Politik ablesen: Sie ist ein ganzjähriger Masken-Ball.

Jenseits des Karnevals der Hohen Tiere regieren jetzt aber auch andere Narren (nicht nur in Fernseh-Sitzungen). Was macht der Kolumnist in solch trister Zeit des gewollten unfreiwilligen Humors? Er sucht sich Berge, wo sie, menschlich gesehen, am einsamsten sind – und zersäbelt mit dem Fun-Board oder auf tailliertem Ski ökologisch schuldbewußt die schwachen Grasnarben unterm Kunstschnee.

Will er in der Zeitung keinen weißen Fleck erzeugen, muß er vorschreiben. Die Aktualität ist trotzdem relativ leicht zu wahren, weil wir eine „berechenbare" Politik haben.

Ein Grund für prognostizierbare Kontinuität liegt im steinernen Leitsatz politischer Streithanseln: „Fange nie an, aufzuhören – und höre nie auf anzufangen!" (So der Stammtischphilosoph Friedrich Jahn, ehem. die Nummer 1 vom „Wiener-wald"). Beweise nötig? Es läßt sich nüchtern vorhersagen, daß auch bei Hickhacks nach dem Fasching die Betonung eher auf „Hick" liegt.

Die andere Maxime politischen Lenkens: „Ich kratz' mich erst, wenn's juckt!" Was vorerst einleuchtet, im matten Glanz des Krankenscheins oder der Mautpickerl doch beißt.

Die dritte Säule solchen Denkens: „Augen zu und durch!" Das sieht man an der politisch kindlichen Verweigerung der „Wehrmachtsausstellung" (Was ich nicht seh', gibt's gar nicht). Oder auch nur die Renten 2050 andenken! Stets überzeitlich gültig auch, daß absehbar keine namhafte „Beschäftigungspolitik" um sich greifen wird: Zu lange haben die „herkulesischen Anstrengungen" von EU und Regierung nur „pygmäische Resultate" geschafft.

1997 ist noch so jung... und doch findet jeder schon viel Material für seine Entscheidung, wer „Tor des Jahres" wird.

Wie und warum die Welt trotzdem funktioniert? Wer das beantworten zu können glaubt, kann nur ein Narr sein.

Blaumann

Dafür, daß der 1. Mai einmal „Kampftag der Arbeiterklasse" hieß, war er diesmal ein braver Feier-Tag. Ein schönes Zeichen setzten da die Salzburger Eisenbahner, die auf Lohnerhöhung verzichteten: zugunsten von 20 neuen Lehrstellen.

Wie aber mein st(r)ichelnder Kollege Hütter in seiner Karikatur zum Tage so richtig skizzierte: Am „Tag der Arbeit" stehen zu viele arbeitslos vorm Arbeitsamt! In dieser Szenerie ließ Österreichs ordentlichster Beschäftigungspolitiker auf die Pauke hauen: Demnächst soll es jenseits des ÖGB eine blaue „Richtungsgewerkschaft" geben.

Nun haben wir – Gottseidank bzw. als Folge historischer Sozialkämpfe – Vereins- und Versammlungsfreiheit. Ich kann mir auch gut vorstellen, daß sich unter Arbeitnehmern gehöriger Frust über (EU-)Arbeitsmarktpolitik und Sparpakete aufgestaut hat – und man (frau) manchem Apparatschik auf die Zehen steigen und pekuniäre Basisferne oder Fadesse des Jargons austreiben will. Und: wer kann von vornherein behaupten, daß blaue Betriebsräte „Minderleister" wären?

Gilt aber der Satz „Einigkeit macht stark!" noch, wird man auch beantworten müssen, was Abspaltung und Zersplitterung bewirken sollen. Die Internationale der Konzerne freut es gewiß, wenn sich die Lohnabhängigen national zersprageln lassen.

Mit einem neuen Büro und ein paar andersfärbigen Mitgliedsbüchern ist kein einziger Arbeitskampf gewonnen: Die anvisierte neue „Bewegung" wäre absehbar weder kollektivvertragstauglich, noch hätte sie Vertretungsrecht in den Sozialversicherungen oder eine Streikkasse. Worum geht's also wirklich?

Womöglich wieder einmal nur um publicitywirksame „Äktschn" des Kärntner Blaumannes, der ja schon locker vom Ziehsohn Trattnigs zum „Kreisky-Erben" und von dort zum „Arbeiter-Priester" mutierte? (Wenn es der Jugend-Keilung dient, benennt er die FPÖ glatt noch in „Tic Tac Toe" um!)

Unzufriedene, die es zu sammeln gilt, gibt es genug... In jedem Fall aber auch: noch sehr viel Arbeit für den ÖGB.

Dekalog für Schüler und Lehrer

Entwurf für SchülerInnen:

1. Schule ist Pflicht – nicht Möglichkeit. Es heißt schließlich nicht „Schulchance". Glaub fest daran, daß Du nur auf dem Mist, den Du selber baust, wachsen kannst. Das Kapital ist scharf auf die Nullen.

2. Was sollst Du mit „Allgemeinbildung"? Du bist jetzt schon Spezialist oder sollst einer werden. Die Welt ist nicht alles, was der Fall ist, sondern bloß ein wenig mehr als Dein PC-Schirm. In Video veritas!

3. „Kultur" erwirbt man nicht spielerisch-mühsam, sondern besitzt sie (indem man Deine Schule besucht). Arbeit adelt zwar, Du aber bist ein Bürgerkind. „Geist" ist etwas für Schnapsbrenner oder die Zeit. Im Grunde genügen die jeweiligen Top ten und „word".

4. Der Lehrer ist Dein natürlicher Feind. Begegne ihm prinzipiell mit Totalopposition – Ausnahmen kannst Du immer noch machen. Ist er neu, verdopple das Mißtrauen: Man fährt ja auch nur deshalb ins Ausland, weil man mal andere Vorurteile kennenlernen möchte.

5. Was älter ist als Dein neuer Pulli, ist überholt. Dein Lehrer hat bestenfalls Gegenwart, die morgen Vergangenheit ist: Nur Du hast Zukunft – und siehst deshalb (auf älteren Fotos) jünger aus.

6. Betrachte Deinen Lehrer als Funktion, Stofflieferant, Typ. Er ist Mathematiker, Vorturner, Biologiepauker etc., hat aber keine Psyche. Nach der Matura ist Zeit genug, ihn sozusagen als Menschen anzusehen.

7. Bekämpfe in Deiner grundsätzlichen Ablehnung aller Lehrer nicht zuallererst die autoritärsten: bei den liberalen ist der Widerstand geringer. Überantworte Deinen Lehrern alles, was Dich bedrückt: Sie sind schuld an der Gesellschaft, Deinen Eltern, am Partnerfrust sowie am Waldsterben.

8. Habe nicht Mut, Dich Deines Verstandes zu bedienen. (Kant war über 30!) Bring alles wie befohlen rapido hinter Dich. (Dein PC ist nur deshalb so schnell, weil er nicht denkt). Vorsicht ist die Mutter der Karriere. Wer kriecht, kann nicht stolpern.

9. Hilf keinem (keiner) in Deiner Klasse. Es sind Deine KonkurrentInnen – wenn nicht heute, so morgen. Der Ellbogen ist der Vater des Gewinns (denk an Deinen Vater). Neid ist die aufrichtigste Form der Anerkennung. Für die Gesamtklasse sollte gelten: „Alle denken an sich, nur wir denken an uns!"

10. Aller Schulanfang ist besch. Keine Panik – keep cool: Die nächsten Ferien sind bereits amtlich.

Entwurf für LehrerInnen:

1. Schule ist nicht selbstgewählter Ort Deines Berufswunsches, sondern verdammte Pflicht. Von Dir unterrichtet zu werden, ist Privileg, Gnade – nicht Chance (für beide Seiten).

2. Die Schüler sind schuld, daß Du hier sein mußt. Geh prinzipiell davon aus, daß sie uninteressiert, faul und unbegabt sind. (Sie sind Deine natürlichen Feinde). Schüler entwickeln sich bis 10, dann wachsen sie nur noch. (Erwachsen ist, wenn oben nichts mehr dazukommt). In jedem Fall gibt es zuviele von ihnen in Deiner Klasse.

3. Dein Fach ist das wichtigste. (Wozu hast Du Dich jahrelang für nichts anderes interessiert?) Deine KollegInnen aus den anderen Fächern sind ebensolche IdiotInnen wie Deine SchülerInnen.

4. Schule ist kein Ort für Gefühle – außer Deinen eigenen. Was zu nahe geht, geht zu weit. Deshalb sind SchülerInnen auch nicht zu lieben (Abstinenzregel), es sei denn nach der Maturareise. Sollte ein Schüler das Gespräch suchen, weiche ihm aus oder verwende es gegen ihn.

5. Geh stets von Dir aus – also daß sich nichts ändert. Ein heutiger Jugendlicher hat genau so zu sein, wie Du einmal werden wolltest. Was damals schlecht war, kann heute nicht schlechter sein.

6. Dein Fach ist eine ernste Sache. Lachen schadet dem Ernst. Trage den Stoff so vor, wie Du ihn schon jahrelang vorgetragen hast: Allzuviel Innovation, Lebendigkeit, Aktualisierung verwirrt!

7. Strafe ist pädagogisch wertvoll: Noten sind ein anerkanntes Mittel hierfür. Ein wenig Sadismus, und sei er depressiv getarnt, erzieht zur Realitätstüchtigkeit. Achte aus psychohygienischen Gründen auf Energieverluste: Was Du nach oben buckelst, solltest Du nach unten treten.

8. Der Schüler hat nicht fürs Leben, sondern für Deine Schularbeit zu lernen. Ordnung ist das halbe Leben, Unterordnung die andere Hälfte.

9. Deine Schule hat die Aufgabe, Eliten zu fördern. Auch Schwache haben mindestens soweit hochbegabte Eltern, daß diese Nachhilfelehrer herausfinden.

10. Die zwei wichtigsten Gründe, Lehrer zu werden: Juli und August.

Plein air

Irgendwo hinter sieben Bergen die Autobahnkreuzzüge gen Süden. Hier ist es so still, daß den Almkühen die Milch versiegt, wenn ich heftig nach der Bremse klatsche. Mich wieder schreckt die Vorstellung, wie es jetzt in der Getreidegasse (oder am Lido von Miami) zugeht. Was haben wir eigentlich in Städten verloren? Eine Gattung, die so was wie eine „Zweitwohnsitzsteuer" erfinden muß, hat auf Dauer wenig Chancen gegen Mücken...

Kurzurlaub daheim. Als ich kürzlich einem (Pongauer) erzählte, daß es „nur" in Richtung Lungau geht, meinte er ironisch: Heuer wird jeder einzelne Gast mit Handschlag begrüßt. Diese Freundlichkeit kann ich bestätigen. Okay, das Wetter hier ist oft eine richtige Sau. Andrerseits ist „Melanom" in der Karibik schon der beliebteste Vorname. Himmelhoch ein Kondensstreifen: Schon wieder ein beglückender Hinweis, wohin ich nicht fliehen muß.

Die Baumgrenze ist eine Traumgrenze. Hab ich von Stille geschwärmt? „Air" heißt auch Melodie, Arie. Was ist mit dem Schmatzen der Moospolster nach jedem Tritt? Die Quelle preist laut ihr Perrier. Eichelhäher warnen, daß ich Rehrücken gerne essen würde. Und was sagen die Hummeln, die ihre Löcher aufsuchen? Daß das Wetter umschlägt.

Gut, keine Disco hier. Aber wann treff ich schon eine Feuersalamanderin? Lange auch keine Pilze mehr im Kreis hocken gesehen!

In meiner Hütte nur Erleuchtung – kein Strom für die Megaperls der Weisheit einer Vera. Dafür Kreuzspinnes Network. Abgeschnitten von allen metropolitanischen Informationen! Es gibt aber auch noch gute Bücher: man braucht sie bloß zu lesen.

Jetzt blökt die glückliche Alm-Lammkeule vom offenen Feuer nach ihren gewohnten Kräutern. Ein Roter aus dem Burgenland schwappt herüber, ein guter, ja doch.

Urlaub daheim ist daheim: das ist nicht nur ein bedrohlicher Pleonasmus. Reist deshalb bitte alle weiter nur nach L. A. oder Grado!

Philhormoniker

Wer in Salzburg sein Herz der Kunst öffnet, kann immer noch auf längst versunken geglaubte Gebräuche stoßen.

Die Weigerung der Philharmoniker etwa, Frauen ins Orchester aufzunehmen, stammt wohl aus den Anfängen des christlichen Abendlandes. Jedenfalls von vor jeder Aufklärung, daß auch Frauen ausgezeichnet streichen und tuten können. Oder sollten die hochverehrten „Wiener" nur deshalb die Weltbesten sein, weil kein femininer Geigenbogen je den maskulinen Klangkörper penetrierte?

Nun befindet sich diese Phalanx von Adamsäpfeln im Frack, die keine Frau am Altar der Kultur zuläßt, zweifellos in uralter Gesellschaft: etwa jener der Amtskirche oder altenglischer Pfeifenclubs. Auch in schlagenden Verbindungen dürfen Frauen nicht auf die Pauke haun.

Andrerseits befremdet es den koedukativ aufgewachsenen Zeitgenossen doch, wenn der instrumentale Männerbund zur Einmahnung des Gleichbehandlungsgesetzes nur „Erpressung" assoziiert. Ja, dann muß man das Staats(opern)orchester halt um das Menschenrecht „erpressen"! Es wäre doch gewiß nicht europareif, würde Österreich ob seiner orchestralen „Botschafter" mit einem islamischen Fundi-Staat verwechselt.

Ich zweifle nicht, daß der an sich hochintelligente Orchestervorstand genügend profunde Argumente für seine machistischen Tutti hat. Aber weshalb existiert, um im Vorurteil zu bleiben, noch keine Burgenländersperre? Wieso, um die Frauenfreiheit zu vervollkommen, kein Aufführungsverbot für Komponistinnen? Und warum, im Sinne solcher Schrammel-Logik, weiter Mutter-Schutz für Ann-Sophie?

Vorstellung von GAU: eine Top-Musikerin schliche sich, wie auf frühen Forschungsreisen in den Orient, in Opern oder amerikanischen Filmkomödien, in Hosen unter die „Wiener".

Und outete sich bei der Pressekonferenz der Vorsteher als „dishormonische" Wienerin, als „enhormonische Verwechslung"!

Dagegen wären Tschernobyl und Aetna Lercherl.

Kopf hoch, kids!

Auch wenn jetzt viele Ängste im Ranzen unterwegs sind: Laßt Euch die stundenlose Zeit nicht vermiesen. Ihr habt Euch die Ferien verdient! Immerhin sind schon Elfjährige in der Regel länger beschäftigt als ihre Professoren. (Gut, die Freigegenstände und Sonderveranstaltungen werden demnächst vielfältig minimiert; aber das ist einfältigstes Sparen.) Selbst an „Eliteschulen" – wenn schon Elite, dann für alle – grenzen die Klassenschülerzahlen an Käfighaltung, die bekanntlich nicht einmal Hühner glücklich macht. Und dazu also noch dieses uralte Notensystem, das suggeriert, bei „Pädagogik" handle es sich um eine Art Eiskunstlauf: Pflicht der Lehrer, Kür der Schüler – oder vice versa.

Zum Notensystem ist der offiziellen Pädagogik seit Maria Theresia nichts entscheidend Neues eingefallen. Daß Motivation und Leistung nicht anders als in einer fünfteiligen Ekel-Skala zu klassifizieren wären, hält noch jedes Unterrichtsministerium deshalb für eine geniale Lösung, weil sie flächendeckend „nichtgenügend" ist. Diese Zahlenspiele legen öffentlich Zeugnis ab, daß die „Schule 2000" mit dem Denkschema des 18. Jahrhunderts arbeitet. Über das Gehaltsschema für Supplierstunden wird weit mehr und heftiger debattiert als über erzieherische Grundstrukturen.

Für manche, auch Erwachsene, kommen Schulmann und -frau gleich nach dem Zahnarzt, wenn er bohrt. (Umgekehrt empfinden wohl etliche Schulmeister ihre Zuhörpflichtigen als Heavy-metal-Bande.) Wer sich allerdings informiert, wird rasch entdecken, daß die Existenz als Lehr-Kraft an dieser zehrt und weit mehr ist als ein Halbtagsjob mit Vierteljahresurlaub. Lassen wir also unsere Pädagogen neidfrei mit der Seele baumeln. Ich bin nicht der schülerverbreiteten Ansicht, sie hätten gar keine.

Kürzlich erzählte mir ein erstaunter Klassenvorstand: Drei Viertel meiner KollegInnen sind eigentlich fast ständig hauptsächlich frustriert. Falls das halbwegs repräsentativ ist, bin ich dafür, die Lehrerferien zu verdoppeln. Zweckgebunden an die (Selbst-)Prüfungsfragen: Weshalb? Wovon? Was ist – meinerseits, kollektiv – dagegen zu machen? Nicht nur, aber durch Pädagogen ganz bestimmt, multipliziert sich der Frust. Sie brauchen viel Zeit für leicht aufgezählte, aber schwer zu entschlüsselnde Rätsel wie: Liebe ich meine SchülerInnen? Habe ich diesen Beruf ergriffen – oder er mich?

Ich kenne gelangweilt-gefürchtete Professoren, die bereits zwei Stunden nach Unterrichtsende (im Bad, im Beisl) beinahe menschliche Züge bekommen. Und beim Grillfest (auf Mallorca) verwandeln sich, so die Fama, Oberstudienräte in Lämpel. Diese psychische Komponente beschrieb Erich Kästner (1946!) so: „Es fehlt nicht nur an intakten Schulgebäuden, sondern auch an intakten Lehrern."

In gewisser Hinsicht sind Lehrer, gerade weil heute so viele Kids familiär als Vollwaisen aufwachsen, „unsterblich". Das ist (pädagogische) Chance und Drohung zugleich: Was, wenn ein psychischer Abgrund als Basis für die Lehrbefähigung dienen muß?

Logo, es gibt auch handfeste Frustgründe: desolate Gebäude, zu große Schulen, in deren Konferenzzimmern es noch beengter zugeht als in den Beton-Höfen. Amtsschimmlige Dienstwege, Lehrpläne, diktiert von didaktischen Laien am grünen Ministerientisch. Bezirks- und Landesschulgremien, die nach wie vor zu 100% von Delegierten politischer Parteien buchstäblich besetzt sind – und jedem Zwergschuldirektor ein Parteibuchwissen abverlangen ...

Die Schüler wiederum reden hauptsächlich über das Notensystem. Womit hat die Schule das verdient? Mit Recht: Es hat etwas lächerliches, menschliche Fähigkeiten in Zahlen, noch dazu „ganzen", fassen zu wollen. Weshalb zwingt man auch kreative LehrerInnen, die Kreativität ihrer Anbefohlenen simpel zu beziffern? Was ist das für ein System, das einen florierenden Milliardenmarkt für Nachhilfe zwecks „Notenverbesserung" provoziert?

Die Matura ist ein klassisches Beispiel der Absurdität dieses Beurteilungsschemas: Eine acht Jahre schulbekannte und zig-mal fachlich überprüfte Persönlichkeit muß abschließend noch einmal generaliter durchgefragt werden. Hat man bis zu diesem Stichtag keine ausreichenden Anhaltspunkte für „Reife" oder „Unreife" entdecken können? Die ganze Prozedur, die keiner der Beteiligten liebt, ist auch eine Entmündigung des Lehrkörpers: ein eingeflogener Vorsitzender überprüft die Prüfungsbefähigung der mündigen KollegInnen, die fast ein Jahrzehnt geprüft haben.

Aber irgendeinen Maßstab muß es ja geben! – höre ich die Arithmetiker jammern. O ja: zum Beispiel jenen, ob das Lachen auf den Klassenfotos echt ist.

Für mich gehören Noten in die Musik, auf die Bank oder zur Diplomatie. Gewiß dürfen manche Eltern aus intrapsychischen Gründen nicht weiter als bis drei zählen, dann ist für sie das Ende der Welt erreicht. Aber selbst davon muß man sich nicht arg beeindrukken lassen: Wer fragt beispielsweise den Bundespräsidenten, was er in der Sechsten in Englisch hatte? Wenn man sich dem (Idealisten) Hegel anschließen könnte, nach dem „Freiheit Einsicht in die Notwendigkeit" bedeutet, müßte man sich auch fragen dürfen: was, außer Druck und Drohung, tragen Noten wirklich zur Motivation bei? Ich singe kein Lob der Faulheit oder Doofheit. Insofern aber auch keines des Gesetzgebers.

Ihr aber fühlt Euch notenmäßig gequält? Abgesehen von normalen Irrtümern, die man sogar seinen Lehrern zubilligen kann, lernt Ihr so nicht nur für die Schule: Das Leben ist ungerecht, kids! (Das erkennt man schon daran, daß nach der Uni nie wieder wer prüft, ob Eure Pauker geeignet sind, mit Euch aufzusteigen.) Bevor aber auch nur einer aus dieser Welt aussteigt oder sich bloß die Fingernägel abkaut: „Durchfall" ist nicht einmal medizinisch eine heillose Tragödie. Das Zeugnis markiert das Ende eines Schuljahres. Nie jenes der Welt.

Es ist kein Trost für Euch: Aber ich fiel – nach acht Jahren voller Einser – bei der schriftlichen Deutsch-Matura durch. Ich hatte meinen Stil gefunden, aber das Thema meines Deutschlehrers verfehlt. Und nun darf ich sogar hier schreiben! Ist das jetzt ein Argument für meine Note oder gegen die Zeitung? Und was mache ich mit meinen Literaturpreisen?

Gottlob relativieren sich mit dem Abstand von der Schulbank Streß und Tristesse von damals. In der Erinnerung hat die Schule sogar Witz. Mein Musikprofessor etwa, ein völlig unmusischer Mensch, er liebte sogar mein Geigenspiel, war mit dem Turnlehrer verfeindet. Also notierte er meine verspätete Rückkehr von einem Handball-Meisterschaftsspiel im Klassenbuch: „Wallner kommt verschwitzt aus dem Turnunterricht."

Mein Lateinlehrer, der weder meine Vokabelkenntnisse noch seinen Kollegen von der Musik goutierte, schrieb trocken darunter: „W. kommt verstimmt aus dem Musikunterricht."

Werte Gäste der Kultur

Womit hat sich Salzburg den Ruf einer „Weltstadt der Kultur" verdient? Mit Recht, sagen sich die, die zur Zeit hier mit Kultur leben: kein Tag ohne Matinee oder Soiree, keine Insel ohne „Zeitfluss", kein Hellbrunn ohne Fest. Die Stadt ist Szene, der Himmel hängt voller Geigen. Schön und rentabel, starklar.

Aber Sie, werte (Zaun)-Gäste, sollten sich vom kurzen Glamour nicht blenden lassen. Außerhalb des Festspielsommers ist das Kulturklima grottenkühl, „off festival" die Lage für die meisten ortsfesten Künstler bescheiden. Daß Politiker, die jetzt auf Kultour sind, für Kunst was „übrig" haben, ist eine Redewendung, wie sie wendiger nicht sein könnte: schon im September nimmer wahr.

Daß der Bürgermeister des „Weltkulturerbes" Finanz- und Kulturreferent in Personalunion ist, schaut beflissen aus. In Wahrheit siegt im Kulturalltag beim Duell „I oder i?" stets der Säckelwart – der sich dann trotzdem für bankrott erklärt. Also müssen Versuche, durch Kulturabwürgung das Gesamtbudget sanieren zu wollen, lächerlich wirken. (Zudem wären Sparwille und Selbstausbeutung in der Ganzjahres-Kultur längst Vorbild für den ganzen Senat). Vielleicht will man Stadtkultur – wie Stadtwerke – völlig privatisieren?

Es geht nicht nur ums Geld, obschon unkreative Absage-Stereotypie und bürokratisierte Bittstellerei nerven. Die Kunst überlebt jede kulturlose Regierung. Aber die Gesprächsbasis zwischen Kulturstadt und Stadtkultur ist gestört: Es fehlen nicht nur offene öffentliche Hände, sondern auch Augen und Ohren. Ich wette 100 „Schürzenjäger" gegen 1 Nono, daß der Kulturreferent in seiner Amtszeit mehr Bierfässer anschlägt als Premieren der hiesigen Mittelbühnen anschaut. Vom „Zugehen" auf ansässige Künstler ist seit Jahren nicht – oder nur – die Rede. Das garantiert auch die fehlende Opposition: Der Kulturausschuß etwa, theoretisch Hort der Stimmerhebung, ist praktisch nur der treue Diener seines Herrn, also stumm. Und falls nicht, sind viele Statements seiner „Fachleute" begrinste Legende unter wirklichen.

Wohl wahr, daß Salzburg eine wunderschöne Kulisse für Kultur darstellt. Aber fragen Sie in diesem Potemkinschen Dorf keinen, der das Jahr über Kultur schafft, wie's geht. Wollte er dem Ruf der Weltkulturstadt nicht schaden, müßte er lügen.

Ansichts-Karte

Freundinnen und Freunde: Es geht mir gut. Ich habe das Land der Griechen nicht nur mit der Seele, sondern leibhaftig heimgesucht.

In Athen fand ich keine Eulen (im Smog). Aber eine Fingerkuppe des Peloponnes kickt dich in größte Distanz zum Mozart- oder Melody-Land. Das erleichtert die schärfere Wahrnehmung heimischer Details.

Jeder weiß, daß man die nachgeschickte Zeitung viel genauer als daheim studiert. Was aber im Alltag nervt, schrumpft in (aus) der Entfernung zur lokalen Komödie. Umgekehrt weitet die Randlage den Blick für wesentlichere Konturen, also auch Tragik. Abseits der Hektik fällt eine Schlagzeile wie „Ein Kontinent in Bewegung!" einfach mehr auf. Toll, sag ich als Sportfreund: wohin?

Im Wahnsinnsstadion von Epidaurus lappt vieles „naturgemäß" ins Philosophische und kriegt die Dimension attischer Tragödien. Noch zahlt man hier mit Drachmen und nicht in „Euros". Aber die beschlossene Währungsunion bietet, sagen 300 europäische Ökonomen, „nicht die geringste Perspektive für die Verbesserung des Schicksals von 20 Millionen Arbeitslosen und 50 Millionen Armen". Großaktionäre werden weiter „freisetzen" und abcashen. Und im heimischen Mikrokosmos opfern steuergesetzlich Millionen für Millionäre. Zur Belohnung wird ihre Rente auf Rubbellosen garantiert. Dagegen ist „Oedipus" ein Schwank.

Die hehre Europäische Ideengeschichte als Trug und List: Es zählen Macht und Geld, nicht Ethik und soziale Demokratie. Man hätte die Bürgerliche Revolution nicht machen dürfen: Irgendwann rächt sich der Gedanke, daß alle gleichgestellt, frei und brüderlich (schwesterlich) sind, sein sollten.

Das kann noch böse enden, denke ich entspannt.

Bis es soweit ist, genieße ich, Welle auf Welle vor Augen, die Freundschaft meiner Knie. Und jene von Sokrates, Kasantzakis und Zorbas, die sich als Kleinbauer, Wirt und Fischer verkleidet haben.

Makrele, Sirtaki, Ouzo: So einfach könnte Leben sein. So unkompliziert Lachen.